発音できれば
リスニング力が
格段に伸びる！

発音ボーイズの

Hatsuon Boys

英語ボイトレ 48

はじめに

発音を正しく学ぼう！

　みなさんは、発音が原因で英語が通じなかったという経験はありませんか。知っている単語なのに、発音のせいで伝わらない、聞き取れないというのは、とてももったいないことです。英会話学習で日本人にいちばん厄介な要素の1つが「発音」です。英語は日本語よりも音が複雑なので、読み書きはできても、発音やリスニングは苦手だと言う日本人は多いようです。

　一方で、英語の発音が上手くなりたいと思っている日本人が多いこともまた事実です。いったん発音が上手くなれば、英会話に自信が出てきて、積極的に話す姿勢が身に付くだけでなく、リスニング力も伸びてくるという研究データがたくさん報告されています。発音は正しい方法で学ぶことが大切です。本書を使って正しい方法で学べば、英語の発音の習得は、実はそんなに難しいことではないということがわかっていただけると思います。

発音上手は得！

　発音は、音楽で言えば「音色」のようなものです。音色が綺麗なら、音楽も聴いていて心地いいし、聴いている人に曲が意図するものも伝わりやすく、深い感動をも与えます。歌で言うと声の美しさです。声が綺麗だと歌うのが楽しくなるのと同じように、発音が綺麗だと、英語で話すのがとても楽しくなります。もちろん、訛(なま)っていても相手に言いたいことが通じればいいのですが、聞きやすい発音は社会でも高く評価されます。例えば、文字は綺麗でなくても読んで理解できればいいという考

え方もあるかもしれませんが、文字が綺麗に書けると、社会では高く評価されることがありますね。発音もそれと同じようなことが言えます。

言えたら聞ける・超カンタン英語発音

　本書は、子音・母音の「標準的」な発音、語と語のつながりによる音の変化、基本的な強勢やイントネーションなどについて丁寧に解説するとともに、モデルの音を聞きながら、正しい発音を身に付け、「言えたら聞ける」という習得プロセスを通して、リスニング力も同時に伸ばすお手伝いをします。

　①発音・リスニングの基本になる音の導入・紹介 ⇒ ②学ぶ音が含まれる簡単な単語を使った練習 ⇒ ③比較的短い文章の中でのリスニング練習とリピーティングによる発音練習 ⇒ ④会話文のリスニングで音を確認、音読で発音の定着を図りダイアログにも慣れる練習、という流れで、英語発音を合理的、かつ体系的に学ぶことができます。

　モデル音声と英語の発音にできるだけ近いカタカナ表記を参考にしながら学ぶことにより、心地よいネイティブ発音を身に付けましょう。また、今まで聞き取れなかった単語や文章も、まるで霧が晴れるように聞き取れるようになる体験ができます。英会話フレーズも使いながら発音が上手くなり、それをみなさんの英会話力の向上にもつないでいきましょう！

山崎 祐一

Contents

本書の使い方

LEVEL 1・2・3

❶ 写真とイラストで発音のイメージをつかめる!

アメリカ英語ネイティブの口元を正面から撮影した写真と、横から見た口内のイラストで、発音のイメージがカンタンにつかめます。イメージや口の形、舌の位置や息づかいなど、日本人目線で発音のポイントを学ぶことができます。

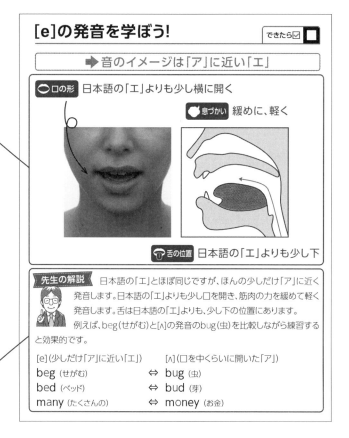

[e]の発音を学ぼう!　　できたら☑ □

➡ 音のイメージは「ア」に近い「エ」

◯口の形 日本語の「エ」よりも少し横に開く

●息づかい 緩めに、軽く

🍄舌の位置 日本語の「エ」よりも少し下

先生の解説 日本語の「エ」とほぼ同じですが、ほんの少しだけ「ア」に近く発音します。日本語の「エ」よりも少し口を開き、筋肉の力を緩めて軽く発音します。舌は日本語の「エ」よりも、少し下の位置にあります。
例えば、beg(せがむ)と[ʌ]の発音のbug(虫)を比較しながら練習すると効果的です。

[e](少しだけ「ア」に近い「エ」)　　　[ʌ](口を中くらいに開いた「ア」)
beg (せがむ)　　　　⇔　bug (虫)
bed (ベッド)　　　　⇔　bud (芽)
many (たくさんの)　⇔　money (お金)

❷ 発音のくわしい解説つき!

日本語との違いや発音のコツについてくわしく解説されているので、どう発音すればよいのか、より理解を深めることができます。

STEP 1 音の練習 できたら☑□

[e]と読むつづり e, ea, ieなど

[e]	e[e]	e	⇒	egg
	e[e]	e	⇒	end
	brea[bre]	brea	⇒	bread
	frie[fre]	frie	⇒	friend

ワンポイントアドバイス! 日本語の[エ]よりも少し口を横に開き、短く[エ]と発音します。

③ 音から楽しく だれでも練習できる!

音声付

対象の音と単語の音声が、リズムよく収録されています。リズムのよい音声にのるだけで、その音に慣れることができます。

④ 生活でよく使う 英単語で訓練できる!

音声付

英単語の音声が収録されています。英単語が流れてから少しポーズがあるので、聞いた音声を繰り返す練習も可能です。対象の音で読む部分は赤く表示されています。

STEP 2 単語の練習 できたら☑□

get (手に入れる、わかる)	exit (出口)
end (端、終わり)	egg (卵)
bread (パン)	friend (友だち)
breakfast (朝食)	weather (天気)
again (もう一度)	guess (想像する)

getボーイのアドバイス! getやtellのようにeが子音に挟まれることが多いよ。eaはeatのように[イー]と伸ばすことが多いけど、breakfastやweatherのように[e]と発音することもあるよ。

STEP 3 短文の練習 できたら☑□

Get some sleep. (少し寝なさい)
Where is the exit? (出口はどこですか)
What did you have for breakfast? (朝食に何を食べましたか)
The weather was nice yesterday. (昨日は天気がよかったね)

文で発音するときのポイント! get someはつないで「ゲッツァム」のように発音しましょう。Where isはWhere'sと短縮して発音することもあります。did youはつないで「ディジュー」のように発音します。

⑤ センテンス練習で、 強弱やつながりが わかる!

音声付

対象の音や英単語が使われた英文の音声が収録されています。単語練習だけでは身につかない、強弱のつけかたや音のつながり方も学ぶことができます。

⑥ 会話練習で通じる 発音が身につく!

音声付

対象の音や英単語、英文が使われた会話文の音声が収録されています。会話ならではのリズムやイントネーションを身につけることができます。

STEP 4 会話の練習 できたら☑□

A: Where is the exit? (出口はどこですか)
B: It's at the end of the hall. (廊下のつきあたりです)

A: What did you have for breakfast? (朝食に何を食べましたか)
B: I had ham and eggs. (ハムエッグを食べました)

会話の発音ポイント! the exitやthe endのように、eなどの母音の前に付くtheは「ディ」のように発音します。atのtやwhatのtは小さな「ッ」のようになり、それぞれ後ろのtheとdidにつながります。

本書の使い方

LEVEL 4 　会話で実践編

イラストでまずはイメージをつかもう!

It's a pleasure to meet you. I'm Kei.
はじめまして。ケイです。

The pleasure is all mine, Kei. I'm Chris.
こちらこそ、はじめまして、ケイさん。クリスです。

思い出そう! ・3つの音のおさらい 　　　　できたら☑ ☐

① [i] It's / is / Chris：少し[エ]に近い[イ]

② [ʒ] pleasure：舌を上の歯ぐきに付けずに[ジ]

③ [m] meet / I'm / mine：口をしっかり閉じて[ム]

❶ 会話シーンが イラストですぐわかる!

大きなイラストで、会話シーンを想像しながら会話の発音練習ができます。イラストの人物になりきって音読すれば、より臨場感のある発音が身につきます。

❷ 登場する 「必須の3音」が 復習できる!

音声付

該当の音と英単語の音声が収録されています。LEVEL1-3で学んだ必須の30音を1シーンで3音ずつ復習することができます。

❸ 活きた英語で 発音を特訓!

音声付

会話文の音声が収録されています。「必須の3音」で発音する部分は、下線と音番号が入っているので、復習もカンタンです。

❹ 意識するべき 発音のポイントを 学べる!

英単語と英単語のつながりや、文の強弱について重要なポイントを学ぶことができます。通じる発音に必要な、会話文での発音力を鍛えることができます。

会話で実践 　　　　できたら☑ ☐

🙋 It's a pleasure to meet you. I'm Kei.
はじめまして。ケイです。

🙋 The pleasure is all mine, Kei. I'm Chris.
こちらこそ、はじめまして、ケイさん。クリスです。

🙋 Do you work here in Tokyo?
ここ東京でお勤めですか。

🙋 Yes. I teach English at a middle school.
はい。中学校で英語を教えています。

フレーズの練習 　　　　できたら☑ ☐

フレーズ① It's a pleasure to 〜.
解説 It'sはつながって[イッツァ]のように聞こえます。pleasureを強く発音しましょう。

フレーズ② meet you
解説 meet youはつながって[ミーチュー]のように発音しましょう。meetを強く発音しましょう。

フレーズ③ The pleasure is all mine.
解説 is allはつながって[イゾーォ]のように発音します。pleasureとmineを強く発音します。

> **STEP UP!** schoolは外来語の[スクール]という発音になりがちですが、英語の[u]は日本語よりも口をとがらせて[スクーォ]のように発音しましょう。

間違って伝わっちゃうと大変！
生活でよく使う 英単語の発音チェック！

生活の重要なシーンでも、
日本語のままで英単語を発音していませんか？

よくある英会話シーンで、
発音を思わず間違えてしまいそうな
6つの英単語を集めました。

まずはイラストとシーンをみて、
そのフレーズを発音してみましょう。

シーン **1** 国際旅客機で

TRACK 01

国際旅客機に乗って、くつろいでいたとき、
CAさんから機内食の好みを英語で聞かれました。
英語で答えてみましょう。

CA: **Noodles or Rice?**
麺にしますか? それともご飯にしますか?

_____, please.
ご飯でお願いします!

間違って伝わってるかも!?

日本語の発音で「ライス」と言ってしまうと、lice(シラミ)と
認識されて、シラミが食べたいことになってしまいます。
rice(お米)ときちんと伝えるには、
[r]の発音をマスターすることが特に重要です。

正しい[r]の発音を
学ぶには…

P94へ
GO!!

シーン2 恋人といっしょ

恋人とふたりで甘い時間を過ごしています。
お相手が改めて気持ちを伝えてくれました。
こちらも相手のことを想っていると伝えましょう。

I _____ you!
愛してます。

間違って伝わってるかも!?

「ラブ」を日本語読みすると、
rub(こする)と相手には間違って伝わってしまうかもしれません。
せっかくの愛の言葉を「あなたを手でこすります」なんて
間違った意味にはとられたくないですよね。
love(愛する)と伝えるには、
[v]と[l]の発音をマスターすることが特に重要です。

正しい[v]の
発音を
学ぶには…
P136へ GO!!

正しい[l]の
発音を
学ぶには…
P91へ GO!!

シーン3 レストランで

レストランへ数人の友人と行く約束をしています。
遅れて到着したので、この席に座っていいかと
確認をしてみましょう。

May I ___ here?
ここに座ってもいいですか?

間違って伝わってるかも!?

sitとshitを間違えてはいけません。
[スィット]か[シット]かで
大きく意味が変わってしまいます。
sit（座る）ときちんと伝えるには、
[si]と[ʃi]の発音をマスターすることが重要です。

正しい[si]の発音を学ぶには… P104へ GO!!

正しい[ʃi]の発音を学ぶには… P120へ GO!!

シーン 4 遊園地で

友人と海外の遊園地へ出かけている真っ最中。
地図がほしいところですが、どこにあるかもわからないので、
友人に持ってくるよう頼むことにしました。

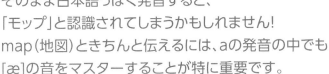

Please bring me a ___.
地図を持ってきてください!

間違って伝わってるかも!?

日本語でもよく使う
「マップ」という言い回し。
そのまま日本語っぽく発音すると、
「モップ」と認識されてしまうかもしれません!
map(地図)ときちんと伝えるには、aの発音の中でも
[æ]の音をマスターすることが特に重要です。

正しい[æ]の発音を
学ぶには…

P66へ
GO!!

🎬 **5** シーン **スーパーで** TRACK 05

スーパーのレジでお会計をしています。
ふと、マイバッグを家に忘れてきてしまったことに気づきました。
袋がもらえるようレジ係にお願いしてみましょう。

Can I have a ___?
袋をもらえますか？

間違って伝わってるかも!? →

bagも日本語でよく使うものの、
英語ではしばしば発音が伝わらないものの一つです。
「バッグ」と「バグ」（虫）といった微妙な違いで、
伝わる伝わらないが変わってしまいます。
bagときちんと相手にわかってもらうには、
aの発音の中でも[æ]の音を
マスターすることが特に重要です。

正しい[æ]の発音を
学ぶには…

 P66へ
GO!!

シーン6 ひとりで考えごと

英語の発音の学習にどれだけ自分の時間が割けるのか、
少し考えてみることにしました。
そのときのひとり言も、まずは英語で言ってみましょう。

Let me _____.
考えさせて。

間違って伝わってるかも!?

日常で日本人がよく使う英単語のひとつ、「think」。
このthの音も、間違って発音すると
sink（しずむ）という意味になってしまいかねません。
正しくthink（考える）と発音するには、
th[θ]の音をきちんと身につけることが重要です。

正しい[θ]の発音を
学ぶには…

**P139へ
GO!!**

音声のご案内

音声の内容

LEVEL1/2/3	音の練習・単語の練習・短文の練習・会話の練習(英語のみ)
LEVEL4	3つの音のおさらい・会話で実践(英語のみ)

音声ダウンロードのしかた

STEP1 音声ダウンロード用サイトにアクセス！

※https://audiobook.jp/exchange/jresearch
を入力するか、右のQRコードを読み取って
サイトにアクセスしてください。

STEP2 表示されたページから、audiobook.jpへの
会員登録ページへ！

※音声のダウンロードには、オーディオブック配信サービス
audiobook.jpへの会員登録(無料)が必要です。
すでに、audiobook.jpの会員の方はSTEP3へお進みください。

STEP3 登録後、再度STEP1のページにアクセスし、
シリアルコードの入力欄に「**25137**」を入力後、
「送信」をクリック！

※作品がライブラリに追加されたと案内が出ます。

STEP4 必要な音声ファイルをダウンロード！

※スマートフォンの場合は、アプリ「audiobook.jp」の案内が出ますので、
アプリからご利用ください。
※PCの場合は、「ライブラリ」から音声ファイルをダウンロードして
ご利用ください。

ご注意！

● PCからでも、iPhoneやAndroidのスマートフォンやタブレットからでも音声を
再生いただけます。
● 音声は何度でもダウンロード・再生いただくことができます。
● 本サービスは予告なく変更・終了する場合があります。
● ダウンロード・アプリについてのお問い合わせ先:info@febe.jp
(受付時間:平日の10時〜20時)

LEVEL1 基礎がため編

必須の10音
&
ステップアップの8音

日本人にとって発音しやすい18の音から
学習をスタートしましょう。

楽しく発音を学ぶクセをつけることが大事です。
ステップアップの英語の音は、
少し難易度が上がります。

hungryのu[ʌ]は 口を中くらいにあけた「ア」

[ʌ]の発音を学ぼう!

できたら☑ ☐

> ➡ 音のイメージは力を抜いた日本語の「ア」

 口の形 口を中くらいにあけた日本語の「ア」

息づかい 喉の奥から短く[ア]と息を出す

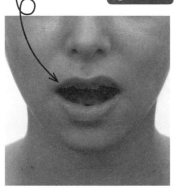

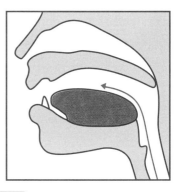

舌の位置 下の歯ぐきに軽くのせる

先生の解説　日本語の「ア」とほぼ同じで、口を中くらいに開いて発音します。舌は下の歯ぐきに軽く乗せておきます。喉の奥から短く[ア]と息を出しましょう。口が緊張すると口を大きく開けがちになるので、口の周りをリラックスさせましょう。

colorのcoを口を大きく開けて発音するとcollarに聞こえ、「襟(えり)」という意味になってしまいます。また、funを口を横に広げて発音してしまうとfan([サッカーなどの]ファン、うちわ)の意味に取られてしまいますので注意しましょう。

STEP ① 音の練習

できたら☑ ☐

[ʌ]と読むつづり　u, o, ouなど

[ʌ]	u[ʌ]	u	⇒	under
	co[kʌ]	co	⇒	color
	hu[hʌ]	hu	⇒	hungry
	tou[tʌ]	tou	⇒	touch

ワンポイントアドバイス!
口を開けすぎないように注意しましょう。

STEP ② 単語の練習

できたら☑ ☐

hungry (空腹の)　　Sunday (日曜日)

but (しかし)　　fun (楽しみ)

cup (カップ)　　under (下に)

uncle (おじ)　　come (来る)

color (色)　　mother (お母さん)

hungryボーイのアドバイス!
[ʌ]はhungryやcolorのように、uやoが子音ではさまれる場合が多いぞぅ。口を開きすぎたり、口を横に広げたりすると、違う意味の語になってしまうことがあるから気をつけようぜぃ。

STEP 3 短文の練習　　　　　できたら☑ □

I'm hungry.　　　　　　　　　　（お腹がへったよ）
I'd like a cup of coffee.　　　　　（コーヒーを1杯欲しいです）
I don't go to work on Sunday.　（日曜日は仕事には行きません）
Please come on in.　　　　　　　（どうぞお入りください）

文で発音するときのポイント！

強調するポイントを押さえましょう。

I'm hu̇ngry.　　I'd like a cu̇p of cȯffee.
　　　　　　　　　大事な情報は… 「お腹が減っている」
　　　　　　　　　　　　　　　　「1杯のコーヒー」

I don't go to wȯrk on Su̇nday.
　　　　　　　　大事な情報は… 「日曜日に仕事」

また、don'tのt音は消えがちで、後ろのgoにつながります。
like aは[**ライカ**]、cup ofは[**カ**パヴ]、come on inは[**カ**マンニン]の
ようにつないで発音しましょう。

STEP 4 会話の練習　　　　　できたら☑ □

A: I'm hungry.　　　　　（お腹が減ったよ）
B: Let's go eat lunch.　　（お昼ご飯を食べに行こう）

A: I won a free ticket!　（無料チケットが当たったよ!）
B: Lucky you!　　　　　（君ついてるね!）

会話の発音ポイント！
wonはwin(勝ち取る、当たる)の過去形で、数字の
oneと同じ発音です。go eatはgo to eatのtoを省略した形です。

レッスン
2

母音
[e]

getのe[e]は
少しだけ「ア」に近い「エ」

TRACK
08

[e]の発音を学ぼう！

できたら☑ □

➡ 音のイメージは「ア」に近い「エ」

口の形 日本語の「エ」よりも少し横に開く

息づかい 緩めに、軽く

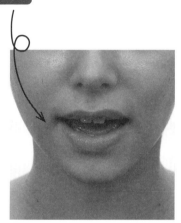

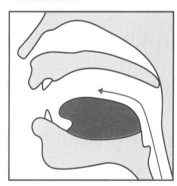

舌の位置 日本語の「エ」よりも少し下

先生の解説 日本語の「エ」とほぼ同じですが、ほんの少しだけ「ア」に近く発音します。日本語の「エ」よりも少し口を開き、筋肉の力を緩めて軽く発音します。舌は日本語の「エ」よりも、少し下の位置にあります。
例えば、beg（せがむ）と[ʌ]の発音のbug（虫）を比較しながら練習すると効果的です。

[e]（少しだけ「ア」に近い「エ」）　　[ʌ]（口を中くらいに開いた「ア」）

beg （せがむ）　　　　　⇔　bug （虫）

bed （ベッド）　　　　　⇔　bud （芽）

many （たくさんの）　　⇔　money （お金）

STEP 1 音の練習

できたら☑ □

[e]と読むつづり　e, ea, ieなど

[e]	e[e]	e	⇒	egg
	e[e]	e	⇒	end
	brea[bre]	brea	⇒	bread
	frie[fre]	frie	⇒	friend

ワンポイントアドバイス!
日本語の[エ]よりも少しだけ口を横に開き、短く[エ]と発音します。

STEP 2 単語の練習

できたら☑ □

get （手に入れる、わかる）　　exit （出口）

end （端、終わり）　　egg （卵）

bread （パン）　　friend （友だち）

breakfast （朝食）　　weather （天気）

again （もう一度）　　guess （想像する）

 getボーイのアドバイス!
getやtellのようにeが子音に挟まれることが多いよ。eaはeatのように[イー]と伸ばすことが多いけど、breakfastやweatherのように[e]と発音することもあるよ。

STEP ③ 短文の練習

できたら☑ ☐

Get some sleep. （少し寝なさい）
Where is the exit? （出口はどこですか）
What did you have for breakfast?
（朝食に何を食べましたか）
The weather was nice yesterday.
（昨日は天気がよかったね）

文で発音するときのポイント!
get someはつないで「**ゲッ**ツァム」のように発音しましょう。Where isはWhere's「ホ**エ**ァズ」と短縮して発音することもあります。did youはつないで「ディジュー」のように発音します。

STEP ④ 会話の練習

できたら☑ ☐

A: Where is the exit? （出口はどこですか）
B: It's at the end of the hall. （廊下のつきあたりです）

A: What did you have for breakfast?
（朝食に何を食べましたか）
B: I had ham and eggs. （ハムエッグを食べました）

会話の発音ポイント!
the exitやthe endのように、eなどの母音の前に付くtheは「ディ」のように発音します。atのtやwhatのtは小さな「ッ」のようになり、それぞれ後ろのtheとdidにつながります。

レッスン 3
母音 [i]

big（大きい）のi[i]は 少し「エ」に近い「イ」

[i]の発音を学ぼう！

できたら☑ □

➡ 音のイメージは少し[エ]に近い[イ]

◯口の形 少し横に広がる

💬息づかい 喉の奥から短く「イ」

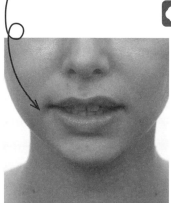

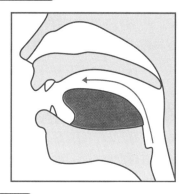

👅舌の位置 上の前の方へ

先生の解説 日本語の「イ」を少し「エ」に近づけて短く軽く発音してみましょう。口が少し横に広がる感じです。「エ」の口の形をしたまま「イ」と言ってみましょう。例えば、pinを[ピン]と[ペン]の間くらいで発音してみてください。

[i]（少しだけ[ア]に近い[イ]）　　[e]（少しだけ[ア]に近い[エ]）

pin （ピン）　　　　　　⇔　pen （ペン）

miss （乗り遅れる）　　　⇔　mess （ちらかっていること）

bitter （苦い）　　　　　⇔　better （より良い）

STEP 1 音の練習

できたら☑ ☐

[i]と読むつづり i, e, uなど

[i]	i[i]	i	⇒	in
	E[i]	E	⇒	English
	bi[bi]	bi	⇒	big
	bu[bi]	bu	⇒	busy

ワンポイントアドバイス！ 日本語の[イ]と[エ]の中間くらいの音で発音しましょう。

STEP 2 単語の練習

できたら☑ ☐

in (〜の中に)　　　　English (英語)

big (大きい)　　　　pink (ピンク)

minute (分)　　　　him (彼に)

build (建てる)　　　busy (忙しい)

enough (十分な)　　orange (オレンジ)

bigボーイのアドバイス！ bigのようにiが子音ではさまれてさらにアクセントがあると、短く[i]と発音されることが多いぞ! site(場所)やpine(松)のように、後ろの子音にeが付く場合は、[スィットゥ][ピン]ではなく[**サイトゥ**][**パイン**]のように読むから注意だぜ!

LEVEL1 基礎がため編
LEVEL2 実力養成編
LEVEL3 レベルアップ編
LEVEL4 会話で実践編

STEP 3 短文の練習

できたら☑ ☐

This jacket is too big for me.
(このジャケットは私には大きすぎます)

Can I try on the pink one?
(ピンクのを試着してもいいですか)

Just a minute, please. (少々お待ちください)

Let's give him a big hand.
(彼に大きな拍手をしましょう)

文で発音するときのポイント!
Can Iは2語つないで[キャナイ]のように発音します。give himはつながり、himのh音は消えて[**ギ**ヴィム]のように発音しましょう。

STEP 4 会話の練習

できたら☑ ☐

A: This jacket is too big for me.
(このジャケットは私には大きすぎます)

B: Would you like to try another one?
(他のを試してみますか)

A: May I speak to Jim?
([電話で]ジムさんはいらっしゃいますか)

B: Just a minute, please. (少々お待ちください)

会話の発音ポイント!
jacketとbigが内容的に大切な単語なので強く発音します。Would youやJust aは2語つないで、それぞれ[ウォッジュー][**ジャ**スタ]のように発音しましょう。minuteのt音は消えがちで、ほとんど聞こえません。

bookのoo[u]は 口をとがらせて[ウ]

TRACK 10

[u]の発音を学ぼう！

できたら☑ □

➡ 音のイメージは口をとがらせた「ウ」

🫦 口の形　口の筋肉を緩めて、唇を丸め、口を少しとがらせる

😮 息づかい　短く

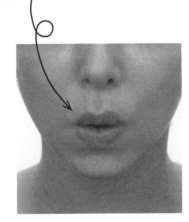

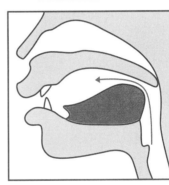

👅 舌の位置　日本語の「ウ」より少し上へ

先生の解説　英語の[u]は、日本語の[ウ]を少しだけ[オ]に近づけたような音です。

日本語の[ウ]はあまり口を開けず息を出しますが、英語の[u]は唇を丸め、口を少しとがらせて短く[ウ]と発音します。口の筋肉を緩めて、日本語の[ウ]よりも舌は少しだけ高い位置に置きます。

外来語を発音するときにも、注意が必要です。例えばbook[ブック]やsugar[シュガー]の[ブ]や[シュ]は、本来は[u]の発音です。

STEP 1 音の練習

できたら☑ ☐

[u]と読むつづり u, oo, ouなど

[u]	pu[pu]	pu	⇒	put
	pu[pu]	pu	⇒	push
	boo[bu]	boo	⇒	book
	shou[ʃu]	shou	⇒	should

ワンポイントアドバイス!
日本語の[ウ]と[オ]の中間くらいの音で発音しましょう。

STEP 2 単語の練習

できたら☑ ☐

put (置く)   push (押す)

sugar (砂糖)   book (本)

good (よい)   look (見る)

cook (料理する)   took (取った、撮った) *takeの過去形

should (〜するべきだ)   stood (立った) *standの過去形

bookボーイのアドバイス!
putのようにuは子音に挟まれるときに多いのだ。また、bookやlookのようにooが子音に挟まれるときも[u]と発音される場合があるのだよ。

STEP ❸ 短文の練習

できたら☑ ☐

Put it down. （下に置きなさい）

How much is this book on cooking?
（この料理の本はいくらですか）

I'm looking for a jacket. （ジャケットを探しています）

I took many pictures. （写真をたくさん撮りました）

文で発音するときのポイント! Put it down.は[プット イット ダウン]と
1語1語分けずに、3語つないで[**プリッダウン**]のように発音してみましょう。
putのt音は日本語のラ行の[ラ]のように聞こえるときもあります。

STEP ❹ 会話の練習

できたら☑ ☐

A: Where should I put these books?
（これらの本はどこに置いたらいいですか）
B: You can put them on the table.
（テーブルの上に置いていいですよ）

A: May I help you? （何かお手伝いしましょうか）
B: Yes. I'm looking for a jacket.
（はい。ジャケットを探しています）

会話の発音ポイント! Whereで始まる文の文末は下げ調子で発音すること
が多いです。put theseやput themのputのt音は小さな[ッ]のようになり、
ほとんど聞こえません。help youはつながり[**ヘ**ォ**ピュー**]のように発音しま
しょう。

LEVEL1 基礎がため編

LEVEL2 実力養成編

LEVEL3 レベルアップ編

LEVEL4 会話で実践編

レッスン
5

子音
[p]

pushのp[p]は
パ行より少し息を強く

[p]の発音を学ぼう！

できたら☑ □

➡ 音のイメージは「プッ！」とふき出すときの「プ」！

🫦 **口の形** 唇を閉じる

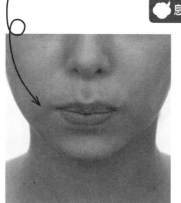

💨 **息づかい** 前に勢いよく押し出す

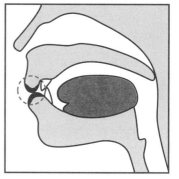

👅 **舌の位置** 下の歯ぐきに軽くのせる

先生の解説 　日本語のパ行の音に似ています。両唇をいったん閉じて「パッ」と口の中の息を勢いよく破裂させます。特に、単語がpで始まり、その後に母音が続きアクセントがある場合は、パ行よりも息を強く出します。例えば、pushは、「押す」という意味の通り、息を前に勢いよく押し出します。

happyやsuperのように、pが語中にありアクセントがない場合は、pの息の出方は少し弱くなります。shipやkeepのように、単語がpで終わる場合は、pの息はほんの少ししか出しません。

STEP ① 音の練習

できたら☑ ☐

[p]と読むつづり　p, pp

[p]	p[p]	p	⇒	push
	p[p]	p	⇒	pay
	pp[p]	pp	⇒	happy
	p[p]	p	⇒	ship

ワンポイントアドバイス! pの位置が、語頭の場合は勢いよく、語中の場合は少し弱く、語尾の場合はほとんど聞こえないくらいに発音します。

STEP ② 単語の練習

できたら☑ ☐

push (押す)　　　　　　pay (払う)

paint (絵を描く)　　　　people (人々)

pencil (鉛筆)　　　　　happy (嬉しい)

apple (リンゴ)　　　　　up (上に)

ship (船)　　　　　　　jump (跳ぶ)

pushボーイのアドバイス! [p]の音は単語の中でいろんな位置に使われるッス! pushのようにpが単語の頭にあって母音が続く場合、playのように子音と一緒に使われる場合、cupのように語尾にある場合、wipeのように語尾がpeになる場合などがあるッスよ。

STEP 3 短文の練習

できたら☑ □

Push the button.　　　　　　　（そのボタンを押して）
Can I pay by credit card?　　（クレジットカードで支払えますか）
I always get up at six.　　　　（私はいつも5時に起きます）
We took a ship.　　　　　　　（船で行きました）

文で発音するときのポイント!
get upは2語つないで発音しましょう。up
のほうを強く発音します。getのt音はラ行の音のように変化し、[ゲ**ラ**ッ(プ)]
のように聞こえます。

STEP 4 会話の練習

できたら☑ □

A: Can I pay by credit card?
　　　　　　　　（クレジットカードで支払えますか）
B: I'm sorry. We only accept cash.
　　　　　　　　（すみません。現金だけです）*accept=受け取る

A: How did you go to the island?
　　　　　　　　（その島にはどうやって行ったのですか）
B: We took a ship.　（船で行きました）

会話の発音ポイント!
did youやtook aは2語つないで、それぞれ[ディ
ジュー][**トゥ**ッカ]のように発音してみましょう。credit cardは[クレジット
カード]ではなく[ク**レ**ディッ(トゥ)**カ**ードゥ]のように発音します。

bestのb [b]は 日本語の「ブ」より息を強く

TRACK 12

[b]の発音を学ぼう！

できたら☑ ☐

➡ 音のイメージは飛行機「ブーン！」の「ブ」

口の形 唇を閉じる

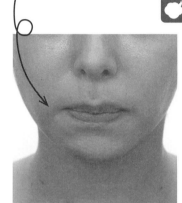

息づかい 息を勢いよく吐き出す

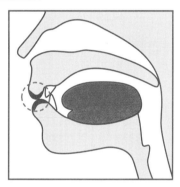

舌の位置 下の歯ぐきを軽くのせる

先生の解説 　[p]と同様に、両唇を閉じて、息を勢いよく[バ]っと吐きだします。日本語のバ行の音によく似ていますが、単語がbで始まり、その後ろが母音でアクセントがある場合は、日本語よりも息を強く出します。

例えば、bestは、日本語の「ベ」よりも息を強く出しましょう。rabbitやlobster（ロブスター）のように、bが語中にある場合は、b音は語頭のときよりも少し弱く息が出ます。jobやclubのようにbで終わる場合は、ほんの少しだけ息を出します。

STEP 1 音の練習

できたら☑ ☐

[b]と読むつづり b, bb

[b]	b[b]	b	⇒	best
	b[b]	b	⇒	buy
	bb[b]	bb	⇒	rabbit
	b[b]	b	⇒	job

ワンポイントアドバイス! bの位置によって強弱が変わります。語頭の場合は勢いよく、語中の場合は少し弱く、語尾の場合はほとんど聞こえないくらいになります。

STEP 2 単語の練習

できたら☑ ☐

best (一番いい)　　buy (買う)

beautiful (美しい)　　bank (銀行)

boy (少年)　　baby (赤ちゃん)

rabbit (うさぎ)　　trouble (困難)

job (仕事)　　club (クラブ)

 **bestボーイのアドバイス!** bestのようにbが語頭にあって母音が続く場合、blueのように子音と一緒に使われる場合、jobのように語尾にある場合、describe(描写する)のように語尾がbeになる場合などがあるのダヨ。

STEP 3 短文の練習

できたら☑ ☐

I'll do my best.	（ベストを尽くします）
What did you buy?	（何を買いましたか）
I got a new job.	（新しい仕事に就きました）
I belong to the soccer club.	（サッカー部に所属しています）

文で発音するときのポイント!
Whatのt音は小さな[ッ]のようになり、後ろのdidにつながります。did youはつないで[ディジュー]のように発音しましょう。

STEP 4 会話の練習

できたら☑ ☐

A: Good luck! （頑張ってください!）
B: I'll do my best. （ベストを尽くします）

A: I got a new job. （新しい仕事に就きました）
B: Congratulations! （おめでとう!）

会話の発音ポイント!
Good luck!のGoodのd音はほとんど聞こえません。I'llは[アイル]ではなく[**アイォ**]のように発音します。new jobは名詞のjobのほうを強く発音しましょう。Congratulations!のtionは[ション]ではなく[シュン]のように聞こえます。

keyのk[k]は息の強い「ク」

TRACK
13

[k]の発音を学ぼう!

できたら☑ ☐

➡ 音のイメージは勢いよく「ク」!

口の形 ほんの少し開ける

息づかい 息を勢いよく吐き出す

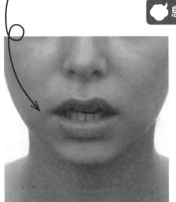

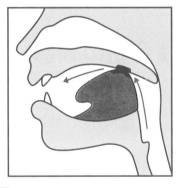

舌の位置 舌先を口の中の下の位置に、舌奥を上の歯ぐきに当てる

先生の解説 日本語のカ行の音に似ていますが、単語が[k]で始まり、その後が母音でアクセントがある場合は、日本語のカ行の音よりも息を強く出します。例えば、keyは、外来語の「キー」よりも息が勢いよく出ます。[キ]と[イ]を同時に[**キィー**]のように発音してみましょう。舌先は口の中の下の位置に置き、舌の奥のほうを上の歯茎に当て、勢いよく離します。lookやlikeのようにkやkeで終わる場合は、ほんの少しだけしか息を出しません。

STEP **1** 音の練習

できたら☑ □

[k]と読むつづり　k, c, ke, ckなど

[k]	k [k]	k	⇒	key
	c [c]	c	⇒	cook
	ke [ke]	ke	⇒	like
	ck [ck]	ck	⇒	back

ワンポイントアドバイス!　語頭の場合は勢いよく、語中や語尾の場合は少し弱く息を出します。

STEP **2** 単語の練習

できたら☑ □

key （カギ）

kick （蹴る）

cake （ケーキ）

cook （料理する）

clean （掃除する、綺麗な）

school （学校）

act （行動する）

ask （尋ねる、頼む）

like （好きだ）

back （後ろに）

keyボーイのアドバイス!　[k]の音で発音される場合、keyのように語頭がkの場合とcookのように語頭がcの場合があるぜぃ。また、likeのようにkeで終わったり、backのようにckで終わったりするものもある。schoolのようにchが[k]の発音になる単語もあるんだぜぃ。

LEVEL1 基礎がため編
LEVEL2 実力養成編
LEVEL3 レベルアップ編
LEVEL4 会話で実践編

STEP 3 短文の練習

できたら☑ □

Do you have the key?　　　（カギ持ってますか）
I cook every day.　　　　（毎日料理しています）
Would you like some cake?　（ケーキをいかがですか）
I'll be right back.　　　　（すぐ戻ります）

文で発音するときのポイント!
　　I'llは[アイル]ではなく[**アイォ**]のように発音します。rightのt音は消えて小さな[ッ]のようになり、後ろのbackにつながって、[**ライッバック**]のように聞こえます。

STEP 4 会話の練習

できたら☑ □

A: Do you have the key?　　　（カギ持ってますか）
B: Yes. Here you are.　　　　（はい。どうぞ）

A: Would you like some cake?　（ケーキをいかがですか）
B: No, thank you.　　　　　　（いいえ、けっこうです）

会話の発音ポイント!
　　keyは日本語で[キー]と言うよりも息を強く出します。Would youはつないで[ウォッジュー]のように、cakeは[ケーキ]と音を伸ばさずに[**ケイク**]のように、noも[ノー]ではなく[**ノウ**]のように発音しましょう。

母音 [g]

goodのg[g]は 息が強い「グ」

TRACK **14**

[g]の発音を学ぼう！

できたら☑ □

➡ 音のイメージは「グッといきましょう」の「グッ」

◯ 口の形 ほんの少し開ける

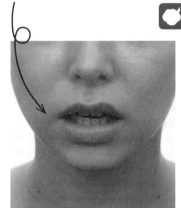

😮 息づかい 息を勢いよく吐き出す

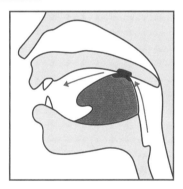

👅 舌の位置 舌先を口の中の下の位置に、舌奥を上の歯ぐきに当てる

先生の解説　　[k]と同じように、舌先は口の下の方に、舌の奥は上の歯ぐきに付け、勢いよく息を吐きます。

goodやguessのように、gで始まり、その後が母音でアクセントがある場合は、日本語のガ行の音よりも息を強く出しましょう。bagやpigのように母音+gで終わる場合は、ほんの少しだけ息を出します。そのとき、日本語の「グ(gu)」のようにguのuを発音せずgだけを発音するようにしましょう。

STEP ❶ 音の練習

できたら☑ ☐

[g]と読むつづり g

[g]	g[g]	g	⇒	good
	g[g]	g	⇒	glad
	g[g]	g	⇒	finger
	g[g]	g	⇒	bag

ワンポイントアドバイス!
gの位置が、語頭の場合は勢いよく、語中や語尾の場合は少し弱く発音しましょう。

STEP ❷ 単語の練習

できたら☑ ☐

good (よい)   guess (想像する)

goal (目標)   gate (門)

game (試合)   glad (嬉しい)

finger (指)   longer (より長い) *longの比較級

bag (袋)   dog (犬)

goodボーイのアドバイス!
[g]の音で発音されるのはgoodやguessのようにgが語頭にある場合、longerやtriangle（三角形）のようにgが単語の途中にある場合、bagやdogのようにgが語尾にある場合があるよ。

STEP **3** 短文の練習

できたら☑ □

I'm good. （元気です）

I guess so. （そうだと思います）

I always carry a big bag.
（私はいつも大きいバッグを持ち歩いています）

The days are getting longer.
（日がだんだん長くなってきています）

文で発音するときのポイント!

alwaysのlは[ル]ではなく[ォ]のように
なり、[**オ**ーォウェイズ]のように発音します。gettingは、t音はラ行の音の
ように変化し（**ゲ**リン）のように聞こえるときがあります。

STEP **4** 会話の練習

できたら☑ □

A: How are you? （元気ですか）
B: I'm good. （元気です）

A: Are you going to meet him today?
（今日、彼に会うつもり?）
B: Yeah, I guess so. （うん、そう思ってる）

会話の発音ポイント!

goingのように単語がngで終わる場合は、[g]（グ）と
は発音せず、[ン]と鼻から空気が抜ける発音になります。guess soは2語つ
ないで[**ゲ**ッソウ]のように発音しましょう。

レッスン
9

母音
[t]

tennisのt[t]は
息の強い「トゥ」

TRACK
15

[t]の発音を学ぼう！

できたら☑ ☐

➡ 音のイメージは勢いよく「トゥ」！

⬭ **口の形** ほんの少し開ける

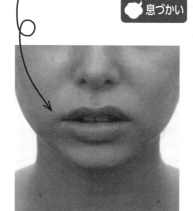

🗨 **息づかい** 舌先を歯ぐきから離したときに
息を勢いよく出す

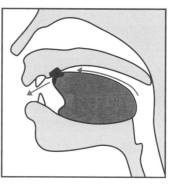

🍄 **舌の位置** 舌先を上の歯ぐきにつけ、
その後離す

先生の解説　　舌先を上の歯ぐきに付け、発音するときに歯ぐきから離し、
空気を口から外に出します。日本語のタ行の音によく似ていますが、
大きな違いは、英語の[t]は息が日本語よりも勢いよく出ることです。
例えば、tennisのようにtが語頭に来て、その後の母音にアクセント
がある場合は、日本の「テ」よりも息を強く出します。

standのように、tが語中にある場合は、息を少し弱めに出します。meetのように
tが語尾にくる場合は、息はほんの少ししか出しません。

STEP ① 音の練習

できたら☑ ☐

[t]と読むつづり t, teなど

[t]	t[t]	t	⇒	tennis
	t[t]	t	⇒	take
	t[t]	t	⇒	stay
	t[t]	t	⇒	meet

ワンポイントアドバイス! tが語頭の場合は息を勢いよく、語中の場合は少し弱く、語尾の場合はほとんど聞こえないときもあります。

STEP ② 単語の練習

できたら☑ ☐

tennis（テニス）　　　take（取る）

tea（お茶）　　　　　time（時間）

ticket（切符）　　　　table（テーブル）

stay（滞在する）　　　stand（立つ）

meet（会う）　　　　late（遅い）

 tennisボーイのアドバイス! [t]と読まれるのは、tennisのように語頭にある場合、stayのように他の子音と一緒に使われる場合、meetのように語尾にある場合、lateのように語尾がteになる場合などがあるんだ。

STEP 3 短文の練習

できたら☑ ☐

Let's play tennis.	（テニスをしましょう）
I'll take it.	（それにします）→（それを買います）
Where shall we meet?	（どこで会いましょうか）
I'm sorry I'm late.	（遅れてすみません）

文で発音するときのポイント!

take itは[**テ**イキッ(トゥ)]のようにつないで発音しましょう。itのt音は消えがちで、ほとんど聞こえないときもあります。

STEP 4 会話の練習

できたら☑ ☐

A: Let's play tennis. （テニスをしよう）
B: Sounds great! （いいね!）

A: I'm sorry I'm late. （遅れてすみません）
B: Don't worry. （大丈夫ですよ）

会話の発音ポイント!

Sounds great!はgreatを、Don't worry.はworryを強く発音します。また、greatやDon'tのt音は消えがちで、ほとんど聞こえないときもあります。Don'tは[ドント]ではなく[**ド**ウントゥ]のように発音しましょう。

doctorのd[d]は
息の強い「ドゥ」

TRACK **16**

[d]の発音を学ぼう!

できたら☑ □

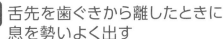

➡ 音のイメージは勢いよく「ドゥ」

口の形 ほんの少し開ける

息づかい 舌先を歯ぐきから離したときに
息を勢いよく出す

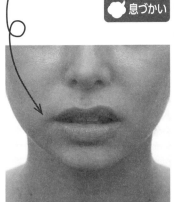

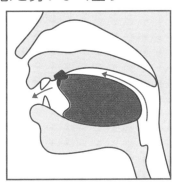

舌の位置 舌先を上の歯ぐきにつけ、
その後離す

先生の解説　舌の位置と動きは[t]と同じです。舌先を上の歯ぐきに付け、
発音するときに歯ぐきから離し、[ダ]と勢いよく空気を口から外に
出しましょう。
　日本語のダ行の音とほぼ同じですが、単語がdで始まり、その後ろが
母音でアクセントがある場合は、ダ行の音よりも息を強く出します。例えば、
doctorは、[**ダ**クター]のように、日本語の「ダ」よりも息を強く出しましょう。body
のようにdが語中にある場合は、息の出方が少し弱くなります。またsendのよう
にdが語尾にある場合は、ほんの少ししか息が出ません。

STEP 1 音の練習

できたら☑ ▢

[d]と読むつづり　d, deなど

[d]	d[d]	d	⇒	doctor
	d[d]	d	⇒	dance
	d[d]	d	⇒	body
	d[d]	d	⇒	hand

ワンポイントアドバイス!
dの位置が語頭の場合は勢いよく、語中と語尾の場合は少し弱くなります。

STEP 2 単語の練習

できたら☑ ▢

doctor (医者)　　　dance (ダンス)

dinner (夕食)　　　day (日)

body (身体)　　　candle (ろうそく)

kind (親切な)　　　side (横)

hand (手)　　　bad (悪い)

doctorボーイのアドバイス!
dがdoctorのように語頭にあって母音が続く場合、dryのように子音と一緒に使われる場合、handのように語尾にある場合、rideのように語尾がdeになる場合などがあるのだ。

STEP ❸ 短文の練習

できたら☑ ☐

You should go to see a doctor.
（お医者さんに診てもらったほうがいいですよ）

She's good at dancing. （彼女はダンスが得意です）

Can you give me a hand? （手伝ってもらえませんか）

That's too bad. （それは残念です）

文で発音するときのポイント！ good atは[**グ**ダッ(トゥ)]のように2語つないで発音しましょう。dancingは[ダンシング]ではなく、[**ダ**ンスィン]のように、最後のgを[グ]とはっきり発音しません。

STEP ❹ 会話の練習

できたら☑ ☐

A: I have a cold. （風邪をひきました）

B: You should go to see a doctor.
（お医者さんに診てもらったほうがいいですよ）

A: Can you give me a hand?
（手伝ってもらえませんか）

B: Sure. What can I do for you?
（もちろん。何をしたらいいですか）

会話の発音ポイント！ shouldのd音は小さな「ッ」のようになりほとんど聞こえず、次のgoにつながります。give meは2語つながり、[**ギ**ミ]のように発音してみましょう。Whatで始まる疑問文は、文末は下げ調子になることが多いです。

レッスン **11**

母音 [iː]

eatのea[iː]は口を 大きく横に開いて「イー」

TRACK 17

[iː]の発音を学ぼう！

できたら☑ □

➡ 音のイメージは笑顔をつくって「イー」

口の形 大きく横に開ける

息づかい 口から鋭く

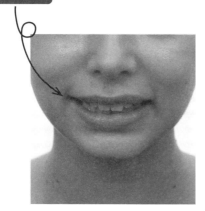

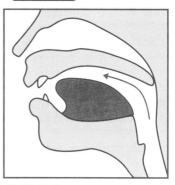

舌の位置 上の前の方へ

先生の解説 日本語の「イ」を伸ばすだけではありません。口を横にしっかり開いて、鋭く[イー]と息を出します。写真を撮ってもらうときに「チーズ」と言いますね。それは、口が横に開いて笑った顔になるからです。日本語の[イ]を伸ばしても笑った顔にはなりません。例えば、[i]（レッスン3）の発音のit（それ）と[iː]の発音のeat（食べる）を比較しながら練習すると効果的です。

[i]（少しだけ[エ]に近い[イ]）		[iː]（口を横に開いて[イー]）
it（それ）	⇔	eat（食べる）
sit（座る）	⇔	seat（座席）
live（住む）	⇔	leave（出発する）

STEP 1 音の練習

できたら☑ ☐

| [iː]と読むつづり | ea, ee, e, eo, ie, eiなど |

[iː]　ea[iː]　　　　ea　　⇒　eat
　　　chee[t∫iː]　chee　⇒　cheese
　　　e[iː]　　　　e　　　⇒　evening

ワンポイントアドバイス!
口を横にしっかり開き、笑顔を作ります。

STEP 2 単語の練習

できたら☑ ☐

eat (食べる)　　　speak (話す)　　　cheese (チーズ)

meet (会う)　　　people (人々)　　　evening (夕方)

 eatボーイのアドバイス!
eatやcheeseのように、単語の中のea
やeeは[iː]と発音されることが多いんだ。他にもbelieveのie、receiveの
ei、meterのeなども[iː]と発音するんだョ。

STEP 3 短文の練習

できたら☑ ☐

Say cheese!　　　　　　　　　(はい、チーズ!)
Let's eat!　　　　　　　　　　(食べましょう!)
Do you speak Japanese?　(日本語を話しますか)

文で発音するときのポイント!
日本語では「はいチーズ!」は下げ調子で
発音しますが、英語のSay cheese!は平たんに発音しましょう。

レッスン 12

母音 [uː]

coolのoo[uː]は 口をとがらせて鋭く「ウー」

TRACK 18

[uː]の発音を学ぼう!

できたら☑ □

➡ 音のイメージはパトカーのサイレン音の「ウー!」

⬭ **口の形** 唇を丸めて、前に突き出す

💨 **息づかい** 口の奥から勢いよく

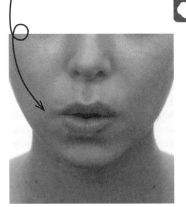

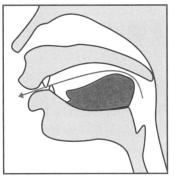

👅 **舌の位置** 口内の上奥に

先生の解説 　唇を丸めて前に突き出し、口元を緊張させて[ウー]と音を伸ばします。息を勢いよく出すのがコツです。

日本語の[ウ]は、あまり唇を丸めませんので、それを伸ばすだけでは英語の[uː]の音にはなりません。唇を日本語よりも大きく動かすイメージで練習をしましょう。

例えば、coolは、日本語の[ク]よりも唇を丸め、[**クーォ**]と単語の最初を強く息を出してみると上手く発音できます。

STEP 1 音の練習

できたら☑ □

[u:]と読むつづり oo, ou, o, u, ueなど

[u:]	coo[ku:]	coo	⇒	cool
	sou[su:]	sou	⇒	soup
	lo[lu:]	lo	⇒	lose

ワンポイントアドバイス!

口をとがらせて息を勢いよく出します。

STEP 2 単語の練習

できたら☑ □

cool (涼しい)　　　room (部屋)　　　blue (青)

soup (スープ)　　　lose (なくす)　　　cute (可愛い)

 coolボーイのアドバイス!

[u]と同じようにooが子音に挟まれるときに[u:]と発音することがあるぜ。ooはbookやfootのように[u]と発音されたり、coolやroomのように[u:]と発音されたりするぜ。

STEP 3 短文の練習

できたら☑ □

This room is cool.　　　(この部屋は涼しいです)
I'd like to have soup.　　(スープをお願いします)
Don't lose it.　　　　　(それをなくさないように)

文で発音するときのポイント!

have aは[ハヴァ]、lose itは[ルーズィッ]のように2語つないで発音します。Don'tとitのt音は小さな[ッ]のようになります。

レッスン
13

母音
[ɔː]

walkのa[ɔː]は「オー」と「アー」の中間

TRACK
19

[ɔː]の発音を学ぼう！

できたら☑ □

➡ 音のイメージは軽くあくびをして「（オ＋ア）ー」

⬭ **口の形** 縦に開ける

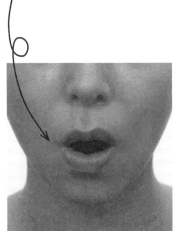

🗨 **息づかい** 口の奥のほうから勢いよく

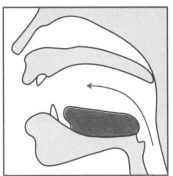

👅 **舌の位置** 低く奥に

先生の解説 日本語の「オ」、または[オ]と[ア]の間くらいの音を長く伸ばしたような音です。軽くあくびをして[オ]と[ア]を混ぜながら声を出すイメージです。

この[オー]と[アー]の中間くらいの音は、主にアメリカ英語の特徴で、イギリス英語では、はっきりと[オ]と言い、それを伸ばしたような音になります。二重母音の[ou]と混同しないようにしましょう。例えば、saw（seeの過去形）は[sɔː]（[ソー]）、sew（縫う）は[sou]（[ソウ]）ですので、別の意味になってしまいますので注意しましょう。

STEP 1 音の練習　　　できたら☑ ☐

| [ɔ:]と読むつづり | a, au, aweなど |

[ɔ:]　a[ɔ:]　　a　　⇒　walk
　　　Au[ɔ:]　Au　⇒　August
　　　awe[ɔ:]　awe　⇒　awesome

ワンポイントアドバイス!
□[オー]と[アー]の中間の音になります。

STEP 2 単語の練習　　　できたら☑ ☐

all (全部)　　　awesome (素晴らしい)　　　walk (歩く)

saw (見た) *seeの過去形　August (8月)　bought (買った) *buyの過去形

 walkボーイのアドバイス!
sawやawesomeのawや、Augustやautomaticのauで綴られた箇所は[ɔ:]と発音されることが多いんだ♪ boughtやcatchの過去形caughtなど、oughtやaughtで綴られる箇所も[ɔ:]と発音されるよ♪

STEP 3 短文の練習　　　できたら☑ ☐

I walk to school every day.　　　(毎日歩いて学校に行きます)
I saw him just now.　　　(たった今、彼に会いましたよ)
I bought a gift for my daughter.　(娘にプレゼントを買いました)

文で発音するときのポイント!
justのt音はほとんど聞こえず、nowにつながります。bought aはつながって、[ボーラ]のように聞こえるときもあります。

レッスン 14

母音 [ou]

homeのo[ou]は「オ」を強く、「ウ」を軽く添える

TRACK 20

[ou]の発音を学ぼう!

できたら☑ □

➡ 音のイメージは「オ」と「ウ」をすばやく「オゥ」

口の形 唇を丸める

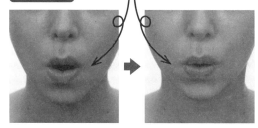

息づかい 「オ」で強く

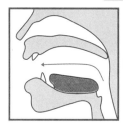 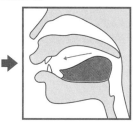

舌の位置 下奥から上へ移動

先生の解説　[ou]のように2つの母音の連続を二重母音と言います。homeは「マイホーム」や「ホームステイ」などでよく使う外来語です。日本人は「ホーム」と伸ばして発音しがちですが、実際は[ホウム]のように発音します。日本語の「追う」と異なる点は、英語の[ou]は最初の[o]のほうをより強く発音します。
(*レッスン13 の[ɔ:]と比較してみましょう。)

[ɔ:]([オー]と[アー]の間)　　[ou](二重母音[オウ])
saw (見た)　　⇔　sew (縫う)

STEP ① 音の練習

できたら☑ ☐

[ou]と読むつづり o, oa, owなど

[ou]	ho [hou]	ho	⇒	**home**
	coa [kou]	coa	⇒	**coat**
	low [lou]	low	⇒	**slow**

ワンポイントアドバイス!
[オー]と伸ばさずに[オウ]と発音します。

STEP ② 単語の練習

できたら☑ ☐

home (家)　　**coat** (コート)　　**only** (〜しか)

hotel (ホテル)　　**stone** (石)　　**snow** (雪)

 homeボーイのアドバイス!
homeのようにoの後ろの子音のあとにeが付くと[ou]という二重母音になることが多いよん。また、coatのようにoaで綴るときも[ou]の発音になるよん。

STEP ③ 短文の練習

できたら☑ ☐

Let's go home.　　　　　　　　　　（家に帰ろう）
That's a nice coat.　　　　　　　　（素敵なコートですね）
I stayed at a hotel yesterday.　（昨日ホテルに泊まりました）

文で発音するときのポイント!
go home、nice coat、stayed（泊まった）、hotelが大切な情報なので、強く発音しましょう。

LEVEL1 基礎がため編
LEVEL2 実力養成編
LEVEL3 レベルアップ編
LEVEL4 会話で実践編

cakeのa[ei]は「エ」を強く、「イ」を軽く添える

[ei]の発音を学ぼう!

できたら☑ □

➡ 音のイメージは気合いを入れて「エィッ!」

口の形 日本語の「エ」よりも横に広げる

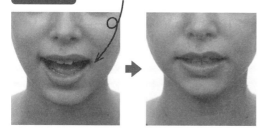

息づかい 「エ」で強く

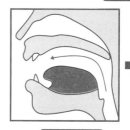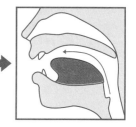

舌の位置 前方中くらいの高さから上へ移動

先生の解説 気をつけたいもう一つの二重母音が[ei]です。cakeやdateは、[ケーキ][デート]という外来語になっていますが、英語では[**ケイ**ク][**デイ**トゥ]のように二重母音で発音します。

英語には[e:]([エー])と伸ばす音が入った単語は一つもありませんので、例えば、grapeの発音が[グレープ]かな、[グレイプ]かな、のように[ei]か[e:]で迷うことがあれば、それは、すべて[ei]になります。つまり、grapeは[グ**レ**イプ]、tableは[**テ**イボォ]のように発音します。

STEP ① 音の練習

できたら☑ ☐

[ei]と読むつづり | aなど |

[ei]	ca[kei]	ca	⇒	cake
	ta[tei]	ta	⇒	table
	A[ei]	A	⇒	April

ワンポイントアドバイス! [エー]と伸ばさずに[**エ**イ]と発音します。

STEP ② 単語の練習

できたら☑ ☐

cake(ケーキ)　date(デート、日付)　table(テーブル)

say(言う)　grape(ブドウ)　game(ゲーム、試合)

 cakeボーイのアドバイス!
cakeやnameのようにaが子音に挟まれ、後ろの子音のあとにeがあるとき、[ei]の発音になることが多いんだ! matは[**マ**ットゥ]だけど、mateは[**メ**イトゥ]と二重母音になるんだ!

STEP ③ 短文の練習

できたら☑ ☐

What kind of cake do you like? (どんなケーキが好きですか)
I went on a date with Jane. (ジェーンとデートしました)
Put it on the table. (テーブルの上に置いてください)

文で発音するときのポイント! What kind ofは[ホワッ**カ**インダヴ]、Put it onは[**プ**リロン]のようにつないで発音してみましょう。

レッスン 16
母音 [ai]

iceのi[ai]は「ア」を強く、「イ」を軽く添える

[ai]の発音を学ぼう!

できたら☑ □

➡ 音のイメージは「ア」と「イ」をすばやく「アィ」

口の形 日本語の「ア」よりも大きく開ける

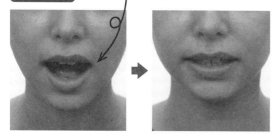

息づかい 「ア」で強く

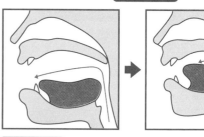

舌の位置 前の低い位置から上へ移動

先生の解説 　日本語の「愛」と英語のeye（目）やI（私は）の発音はよく似ていますが、まったく同じ発音というわけではありません。「愛」は[ア]と[イ]がほぼ同じ強さになりますが、eyeやIは[ア]を強く[**ア**ィ]と一気に発音しましょう。

[ア]を強く発音するので、例えば、lineは[**ラ**ーィン]、kindは[**カ**ーィンドゥ]のように、最初の音が長く感じるときもあります。

STEP 1 音の練習

できたら☑ □

[ai]と読むつづり i, ighなど

[ai] i[ai]   i   ⇒   ice
      li[lai] li ⇒   like
      ki[kai] ki ⇒   kind

ワンポイントアドバイス! 「愛」([ア・イ])ではなく[アィ]と発音します。

STEP 2 単語の練習

できたら☑ □

eye (目)   ice (氷)   like (好きだ)

kind (親切な、種類) night (夜)   buy (買う)

 **iceボーイのアドバイス!** likeやkindのようにiが子音に挟まれ、後ろの子音のあとにeがあるとき、[ai] の発音になることが多いよ。例えば、bitは[**ビ**ットゥ]だけど、biteは[**バ**イトゥ]と二重母音になるよ。

STEP 3 短文の練習

できたら☑ □

Would you like some ice cream? (アイスクリームはいかがですか)
Please wait in line.   (列に並んでお待ちください)
I sometimes study at the library. (私はときどき図書館で勉強します)

文で発音するときのポイント! Would youは[ウォッジュー]、wait in は[**ウェ**イリン]のようにつないで発音してみましょう。

レッスン 17

母音 [au]

outのou [au] は「ア」を強く、「ウ」を軽く添える

TRACK 23

[au]の発音を学ぼう!

できたら☑ ☐

➡ 音のイメージは「ア」と「ウ」をすばやく「アゥ」

口の形 日本語の「ア」よりも大きく開ける

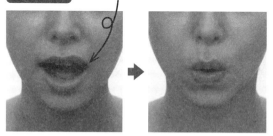

息づかい 「ア」で強く

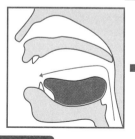

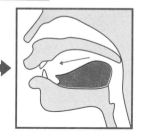

舌の位置 前の低い位置から上奥へ移動

先生の解説 [ai]と同じように、日本語と英語の発音の違いに注意が必要です。日本語の「会う」は[ア]と[ウ]がほぼ同じ強さになりますが、英語の二重母音[au]は[ア]を強く[アゥ]と一気に発音します。例えば、mouseは[マ・ウ・ス]ではなく[マゥス]のように、[マ]を強く発音し直後にすばやく[ゥ]を軽く添えます。

また、外来語では、「パワー」は[パゥワー]、「フラワー」は[フラゥワー]のように二重母音が隠れているものがあるので、少しだけ注意が必要です。

STEP 1 音の練習

できたら☑ □

[au]と読むつづり　ou, owなど

[au]	ou[au]	ou	⇒	out
	dow[dau]	dow	⇒	down
	pow[pau]	pow	⇒	power

ワンポイントアドバイス!
「会う」([ア・ウ])ではなく[**ア**ゥ]と発音します。

STEP 2 単語の練習

できたら☑ □

out(外へ)　about(約、~について)　down(下に)
now(今)　mouse(ネズミ)　power(力)

outボーイのアドバイス!
aboutやnowのように、ouやowで綴る場合、[au]と発音することが多いョー。lowやrainbowのように[ou]と発音することもあるんだョ。

STEP 3 短文の練習

できたら☑ □

I'll find out about it.　（それについては調べておきます）
Slow down a little bit.　（少し速度を落としなさい）
He gave me beautiful flowers.　（彼は私に綺麗な花をくれました）

文で発音するときのポイント!
find out about itは4語つないで[**ファイ**ンダウラ**バ**ウリッ]、a little bitは[ア**リ**ロビッ]のように発音してみましょう。

レッスン 18 母音[ɔi]

boyのoy[ɔi]は「オ」を強く、「イ」を軽く添える

TRACK 24

[ɔi]の発音を学ぼう！

できたら☑ ☐

➡ 音のイメージは人に呼びかける「オィ！」

⬭ 口の形　縦に開ける

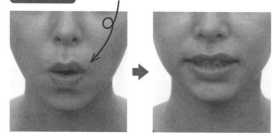

💨 息づかい　「オ」で強く

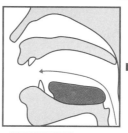
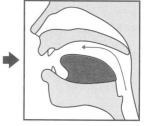

👅 舌の位置　下奥から前の上方へ移動

先生の解説　二重母音は、前の母音を強く、後ろの母音を軽く弱く発音するのがポイントです。例えば、外来語の「ポイント」は[ポ]と[イ]を同じ強さで発音しますね。でも英語のpointはpoiを[ポィ]と[ポ]を強く発音し、[ィ]は軽く添える感じです。

同じように、coinは[コ・イ・ン]ではなく[コィン]、enjoyも[エ・ン・ジョ・イ]ではなく、[エンジョィ]のように発音してみましょう。

また、boyは外来語としては[ボーイ]と母音を伸ばして発音しますが、英語では[ボィ]のように発音します。

STEP ① 音の練習

できたら☑ □

[ɔi]と読むつづり　oy, oiなど

[ɔi]	oy[ɔi]	oy	⇒	boy
	oi[ɔi]	oi	⇒	oil
	oi[ɔi]	oi	⇒	point

ワンポイントアドバイス!　「老い」([オ・イ])ではなく[オィ]と発音します。

STEP ② 単語の練習

できたら☑ □

boy (少年)　　toy (おもちゃ)　　point (点)

oil (油)　　enjoy (楽しむ)　　noise (騒音)

 boyボーイのアドバイス!　[ɔi]の発音になるのは、boyやenjoyのようにoyでつづる場合や、oilやnoiseのようにoiでつづる場合がほとんどだぜ。

STEP ③ 短文の練習

できたら☑ □

Put away your toys.　　（おもちゃを片付けなさい）

Oil prices keep rising.　　（原油の価格が上がり続けています）

Did you enjoy the party?　　（パーティーは楽しかったですか）

文で発音するときのポイント!　Put awayは[**プラウェ**イ]、Did youは[ディジュ]のように2語つないで発音しましょう。risingのgは[グ]とはっきりは発音せず、鼻から軽く空気が抜けてほとんど聞こえなくなります。

LEVEL1 基礎がため編

LEVEL2 実力養成編

LEVEL3 レベルアップ編

LEVEL4 会話で実践編

隠れたところに二重母音

英語には母音が2つ重なる二重母音があります。例えば、[o]と[u]が一緒になって[ou]になります。hotelは日本語では「ホテル」と発音しますが、英語では[houtél]と二重母音で[ホウテォ]のように発音します。他にも、downloadは、日本語では「ダウンロード」ですが、英語では[dáunloud]([ダウンロウドゥ])、goalも「ゴール」ではなく[góul]([ゴウォ])という二重母音の発音です。

また、powerは日本語で「パワー」ですが、英語では[páuər]([パウァ])と[au]という二重母音です。flowerは「フラワー」ではなく[fláuər]([フラウァ])、towerも「タワー」ではなく[táuər]([タウァ])という二重母音で発音しましょう。

英語の母音には、二重母音以外に、長く伸ばす長母音もあります。その中でも注意したいのが[i:]の発音です。これは日本語の[イ]を伸ばすだけではなく、口を横に広げて笑顔をつくります。写真を撮ってもらうときに「チーズ!」と言うのはそのためです。特に間違いやすいのが、外来語の[イブニング(evening)]と[ポリス(police)]です。実際は[í:vniŋ]([イーヴニン])、[pəlí:s]([パリース])のように、口を横に広げ[i:]と伸ばす発音になりますので、意識して試してみてください。

LEVEL 2 実力養成編

必須の10音
&
ステップアップの6音

日本語にはない、
英語ならではの16の音を学んでいきます。

英語っぽく聞こえる発音のために、
また会話で通じる発音を身につけるために
根幹となる音となります。

レッスン 19

母音 [æ]

happyのa[æ]は日本語の「ア」と「エ」を同時に

[æ]の発音を学ぼう！

できたら☑ □

➡ 音のイメージは猫のなき声の「ミャアー」の「ア」

🔲 口の形 「エ」の口よりもさらに横に開く

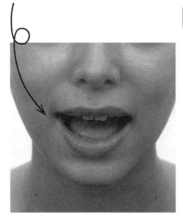

💨 息づかい 少しだけ長めに

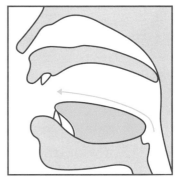

👅 舌の位置 平にして低く

先生の解説 　日本語の「ア」を少し「エ」に近づけて発音してみましょう。口が横に広がる感じです。舌は口の中では下方にあり、下の歯ぐきに付けておきます。

　例えば、happyは日本語では「ハッピー」という外来語の発音があるので、気を付けましょう。「ハピー」と「ヘピー」の中間くらいで発音してみると上手く発音できます。

日本人は、[æ]を日本語の「ア」で置き換えがちです。日本語の「ア」で発音すると、別の意味になってしまうときがありますので気を付けましょう。

STEP 1 音の練習

できたら☑ ☐

[æ]と読むつづり　a

[æ]	a[æ]	a	⇒	apple
	a[æ]	a	⇒	answer
	ha[hæ]	ha	⇒	happy
	ba[bæ]	ba	⇒	bag

ワンポイントアドバイス!

口を横に広げて[ア]と[エ]の中間音になります。

STEP 2 単語の練習

できたら☑ ☐

apple (リンゴ)　　　　answer (答)

ask (尋ねる)　　　　passport (パスポート)

happy (うれしい)　　bad (悪い)

Japan (日本)　　　　Africa (アフリカ)

bag (袋)　　　　　　Saturday (土曜日)

happyボーイのアドバイス!

happyやbadのようにaが子音で挟まれ、アクセントがあるときは[æ]の発音になる場合が多いよ。レッスン1の[ʌ]やレッスン20の[ɑ]の綴りと比較してみよう。

LEVEL1 基礎がため編

LEVEL2 実力養成編

LEVEL3 レベルアップ編

LEVEL4 会話で実践編

STEP 3 短文の練習

できたら☑ □

I'm so happy.　　　　　（とてもうれしいです）

That's too bad.　　　　（それは残念ですね）

See you on Saturday.　（土曜日に会いましょう）

May I see your passport?

（パスポートを見せていただけませんか）

文で発音するときのポイント！　badを日本語の[バ]のように発音すると bud(芽)のように聞こえてしまいます。

STEP 4 会話の練習

できたら☑ □

A: I'm so happy for you.

（私はあなたのためにうれしい）→（よかったね）

B: Thank you.　　　（ありがとう）

A: May I see your passport?

（パスポートを見せていただけませんか）

B: Here you are.　（はい、どうぞ）

会話の発音ポイント！　I'm so happy for you.はこの文章で内容的にいちばん重要な単語であるhappyを強く発音します。passportは[パスポート]という外来語の発音にならないように注意しましょう。paの「æ」は[パ]と[ペ]の間くらいの発音です。

hotの o [ɑ]は
口を縦に開けた「ア」

[ɑ]の発音を学ぼう!

できたら☑ □

➡ 音のイメージは大事なことを思い出して「アッ!」

👄 口の形　大きく開けて、中も空洞を作るように

💨 息づかい　強く、短く

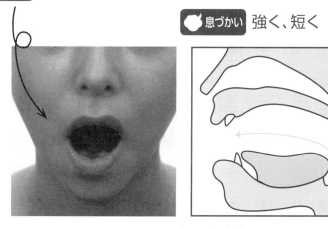

👅 舌の位置　下に低く

先生の解説　口を大きく開けて、また口の中を広く保って「ア」と発音します。日本人には[ア]で置き換えがちな[ʌ]や[æ]と区別して使いましょう。

例えば、hot（暑い）は口をあまり開かないと、レッスン1でも練習したように、[ʌ]の音になり、hut（小屋）に聞こえてしまいます。また、口を少し横に広げると[æ]の音になり、hat（帽子）に聞こえてしまいます。

[ɑ]はアメリカ英語の特徴で、イギリス英語では[オ]に近い音になり、例えば、hotはアメリカ英語では[ハットゥ]、イギリス英語では[ホットゥ]のように発音します。

STEP 1 音の練習

できたら☑ ☐

[ɑ]と読むつづり　oなど

[ɑ]　o[ɑ]　o　⇒　on
　　ho[hɑ]　ho　⇒　hot
　　bo[bɑ]　bo　⇒　box
　　co[kɑ]　co　⇒　college

ワンポイントアドバイス!
口を大きく開けて、勢いよく[ア]と発音します。

STEP 2 単語の練習

できたら☑ ☐

on （上に）　　　　　　opera （オペラ）

hot （暑い）　　　　　got （得る、わかる）＊getの過去形

lock （鍵をかける）　　box （箱）

hospital （病院）　　　college （大学）

knowledge （知識）　　economy （経済）

hotボーイのアドバイス!
boxやlockのように、oが子音で挟まれ、アクセントがある場合、[ɑ]の音になることが多いぜ。jokeのように後ろの子音のあとにeが付くと[**ジョウク**]のように[ou]となるぜ。

STEP ③ 短文の練習

できたら☑ □

It's so hot today.　　　（今日は本当に暑い）
I got it.　　　　　　　（わかったよ）
Lock the door.　　　　（ドアに鍵をかけなさい）
I had a lot of fun.　　　（とっても楽しかったです）

文で発音するときのポイント!　　had aは2語つながって[**ハダ**]のように、lot of funの3語もつながって[**ララファン**]のように発音してみましょう。

STEP ④ 会話の練習

できたら☑ □

A: It's so hot today.　（今日は本当に暑い）
B: Let's get something cold to drink.
　　　　　　　　　　　　（何か冷たい飲み物を買おう）

A: Did you get it?　　（わかった?）
B: Yes. I got it.　　　（うん。わかったよ）

会話の発音ポイント!　　hotのtは小さな[**ッ**]のようになり、次のtodayにつながり[**ハットゥデイ**]のように発音しましょう。get itは[**ゲリッ**]、got itは[**ガリッ**]のように2語つないで発音しましょう。itのt音はほとんど消えて聞こえないときもあります。

レッスン 21

母音 [ə]

computerの [ə]は やる気のない感じの「ア」

TRACK 27

[ə]の発音を学ぼう！

できたら☑ ☐

➡ 音のイメージはため息ついて「ア」

口の形 ほんの少し開ける

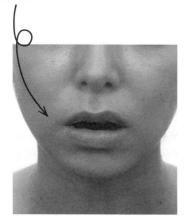

息づかい 弱く

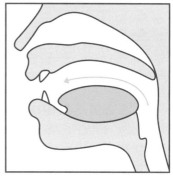

舌の位置 舌の中ほどを少し上げる

先生の解説

口をほんの少しだけ開いて、力を抜いて[ア]と言ってみましょう。息は弱く少しだけ出すようにします。練習するときには、両唇の間に人差し指をくわえ[ア]と息を出してみましょう。そのとき、人差し指が両方の唇から離れないようにします。

[ə]の特徴は、例えば、about、computer、ideaのように、語頭、語中、語尾のアクセントがない部分に現れます。口を大きく開けて発音する[ɑ]と比較しながら練習しましょう。

STEP 1 音の練習

できたら☑ □

[ə]と読むつづり a, o, io, eなど

[ə]	a[ə]	a	⇒	about
	to[tə]	to	⇒	today
	co[kə]	co	⇒	computer
	tio[ʃə]	tio	⇒	station

ワンポイントアドバイス！ 口を開けすぎないように注意しましょう。

STEP 2 単語の練習

できたら☑ □

about （〜について）　　around （〜の周りに）

agree （同意する）　　alone （一人で）

today （今日）　　computer （コンピューター）

second （2番目の、秒）　　famous （有名な）

station （駅）　　condition （状態）

computerボーイのアドバイス！ 名詞や形容詞の語尾のtionやousなどは [ə] の発音だびょん！ 特に外来語の発音は注意！ 例えばcomputerは[クンピューター]、secondは[**セ**ケン(ドゥ)]、stationは[ス**テ**イシュン]、conditionは[クン**ディ**シュン]のように発音するびょん。

STEP 3 短文の練習

できたら☑ □

Don't worry about it. （心配ないですよ）
I agree with you. （あなたに賛成です）
Just a second. （ちょっと待ってください）
Let's meet at the station. （駅で会いましょう）

文で発音するときのポイント!

withとyouはつないで滑らかに発音しましょう。just aは2語つないで、secondのoは口を開け過ぎずに[**ジャスタセ**ケン(ドゥ)]のように発音してみましょう。

STEP 4 会話の練習

できたら☑ □

A: I'm sorry. （ごめんなさい）
B: Don't worry about it. （心配ないですよ）

A: Let's meet at the station. （駅で会いましょう）
B: Sounds good. （いいですね）

会話の発音ポイント!

~tionが語尾に付く単語は[～ション]と発音しがちですが、どちらかと言うと[シュン]と[シャン]の中間くらいの音です。例えば、stationは[ステーション]ではなく[**ステ**イシュン]のように発音してみましょう。tionにはアクセントがないので軽く発音します。

子音 [s]

subjectのs [s]は 日本語よりも強い「ス」

TRACK 28

LEVEL1 基礎がため編
LEVEL2 実力養成編
LEVEL3 レベルアップ編
LEVEL4 会話で実践編

[s]の発音を学ぼう！

できたら☑ □

➡ 音のイメージはすき間から風が「スーッ」

口の形 上の歯と下の歯をほんの少しだけ離す

息づかい 日本語のサ行よりも強く

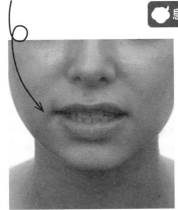

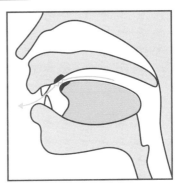

舌の位置 舌先が上の前歯に少し近く

先生の解説 　subjectのように、sで始まり、その後が母音でアクセントがある場合は、日本語のサ行の音よりも息を強く出しましょう。舌先を上の歯ぐきに近づけ、上の歯と舌の間から「スッ」と勢いよく風が吹くようなイメージで発音しましょう。

　busやraceのように最後にs音がくる場合は、外来語の「バス」「レース」の「ス(su)」のようにsの後ろに母音のuを発音しないように注意しましょう。

STEP 1 音の練習

できたら☑ □

[s]と読むつづり s, ss, ceなど

[s]	s [s]	s	⇒	subject
	s [s]	s	⇒	send
	s [s]	s	⇒	bus
	ce [s]	ce	⇒	nice

ワンポイントアドバイス!

□を開けすぎないように注意しましょう。

STEP 2 単語の練習

できたら☑ □

subject (教科) send (送る)

summer (夏) soap (石鹸)

science (理科、科学) strong (強い)

lesson (レッスン) last (最後の)

bus (バス) nice (素敵な)

subjectボーイのアドバイス!

[s]の音で発音される場合、subjectのようにsが語頭に来たり、storyやlastのように子音と一緒に使ったり、baseやniceのようにseやceで終わったり、busやgrassのようにsやssが語尾に来たりしますよ。

STEP 3 **短文の練習**　できたら☑ □

What subjects do you like?　（何の教科が好きですか）
Please send me an email.　　（メールしてください）
I take a bus to go to work.　（仕事にはバスで行きます）
It looks nice on you.　（それ、お似合いですよ）＊服などを褒める

文で発音するときのポイント！　sendのd音は［ドゥ］とはっきり発音され
ず、消えがちになってmeにつながります。emailは［イーメール］ではなく、
［**イーメイォ**］のように発音しましょう。

STEP 4 **会話の練習**　できたら☑ □

A: What subjects do you like?（何の教科が好きですか）
B: I like science and social studies.
　　　　　　　　　　　　　　（理科と社会が好きです）

A: What do you think?　　　　（どう思う?）
B: It looks nice on you.　　　（似合ってるよ）

会話の発音ポイント！　Whatで始まる疑問文は、たいてい文末は下げ調子
になります。What do youのWhatのt音とIt looksのItのt音は小さな「ッ」
のようになり、それぞれdoとlooksにつながります。thinkとniceを強く発音
しましょう。

レッスン 23

子音 [z]

zooのz[z]は強調した「ズ」

TRACK 29

[z]の発音を学ぼう！

できたら☑ ☐

➡ 音のイメージは「合図（アイズ）」の「ズ」

◯口の形 上の歯と下の歯をほんの少しだけ離す

●息づかい 日本語のザ行よりも強く

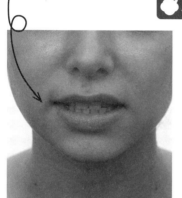

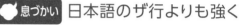

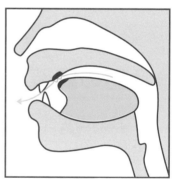

👅舌の位置 舌先が上の前歯に少し近づく

先生の解説 日本語のザ行の音によく似ています。舌を上の歯ぐきに付けないようにしましょう。日本語のザ行の音を発音するときは、舌が上の歯ぐきに付いても付かなくても、日本人はその音の違いに割と無頓着ですので、そこは注意が必要です。

例えば、「ずっと」と言うときの「ズ」は、舌が上の歯ぐきに付きますが、「合図（あいず）」と言うときの「ズ」は、舌が上の歯ぐきに付きません。英語の[z]は、zooのように語頭に来ても、loseのように語尾に来ても、舌は上の歯ぐきには付きません。

STEP 1 音の練習

できたら☑ ☐

[z]と読むつづり z, s, ss, se

[z]	z[z]	z	⇒	zoo
	s[z]	s	⇒	designer
	se[z]	se	⇒	noise
	se[z]	se	⇒	lose

ワンポイントアドバイス!　上の歯と下の歯の間から息を強く出します。

STEP 2 単語の練習

できたら☑ ☐

zoo (動物園)

zebra (シマウマ)

dessert (デザート)

plays (遊ぶ) *playの3人称単数

noise (雑音)

zero (ゼロ)

designer (デザイナー)

houses (家) *houseの複数形

lose (失う)

close (閉める)

zooボーイのアドバイス!　[z]の音で発音される場合、zooやzero のようにzが語頭に来たりloseやsizeのようにseやzeが語尾に来たりする ワン！ また、playsやseesなど3人称単数のsや、windowsやtablesなど 名詞の複数形のsも[z]の発音になるワン！

LEVEL1 基礎がため編

LEVEL2 実力養成編

LEVEL3 レベルアップ編

LEVEL4 会話で実践編

STEP 3 短文の練習

できたら☑ ☐

Why did you go to the zoo? （なぜ動物園に行ったのですか）

She is a famous designer. （彼女は有名なデザイナーです）

That noise really bothers me.

（その騒音には本当に悩まされる）＊bother＝悩ませる

Don't lose your money. （お金をなくさないでね）

文で発音するときのポイント！
She isは2語つないで[シーズ]のように発音しましょう。Thatの後ろのt音は小さな[ッ]のようになりnoiseにつながります。

STEP 4 会話の練習

できたら☑ ☐

A: Why did you go to the zoo?
（なぜ動物園に行ったのですか）
B: Because my cousin wanted to see pandas.
（いとこがパンダを見たかったので）

A: When did he lose his sunglasses?
（いつ彼はサングラスをなくしたのですか）
B: Two days ago. （2日前です）

会話の発音ポイント！
wanted toは2語つながって[ワニットゥー]のように聞こえるときもあります。WhyやWhenで始まる疑問文は、最後は下げ調子になるのが一般的です。goやagoは[ゴー][アゴー]ではなく[ゴウ][アゴウ]のように発音しましょう。

STEP **1** 音の練習

できたら☑ □

[m]と読むつづり　m, meなど

[m]	M[m]	M	⇒	Monday
	m[m]	m	⇒	many
	m[m]	m	⇒	problem
	me[m]	me	⇒	come

ワンポイントアドバイス!　語尾がmのときは、日本語のmu[ム]ではなく、口を閉じるだけです。

STEP **2** 単語の練習

できたら☑ □

Monday (月曜日)　　many (たくさんの)

meet (会う)　　make (作る)

member (メンバー)　　camp (キャンプ)

him (彼を)　　problem (問題)

same (同じ)　　come (来る)

Mondayボーイのアドバイス!　　[m]の音で発音される場合、Mondayのようにmが語頭に来たり、problemやroomのようにmが語尾に来たり、comeやsomeのようにmeが語尾に来たりしまんでぃ。comb(くし)、bomb(爆弾)、climb(登る)のようにb音を発音せず、m音で終わる単語もあるでぃ。

STEP 3 短文の練習

できたら☑ □

We're going to have a meeting next Monday?
（次の月曜日にミーティングをする予定です）
How many did you buy?　（いくつ買いましたか）
Please come with me.　（私と一緒に来てください）
No problem.　（問題ないですよ）

文で発音するときのポイント!　did youはつないで[ディヂュー]のように
発音しましょう。nextのt音は消えがちで、Mondayにつながります。

STEP 4 会話の練習

できたら☑ □

A: When are we going to have a meeting?
（いつミーティングをする予定ですか）
B: Next Monday.　（来週の月曜日です）

A: Thank you very much.　（どうもありがとうございます）
B: No problem.　（問題ないですよ）

会話の発音ポイント!　goingやnoは[ゴーイング][ノー]と伸ばさずに、それ
ぞれ[**ゴウイン**][**ノウ**]のように発音しましょう。meetingの語尾のngは[ング]
とは発音せず[ン]と鼻から空気が抜けていく感じです。(＊レッスン26参照)

レッスン
25

母音
[n]

nowのn [n]は舌先を 上の歯ぐきに付けて「ヌ」

TRACK 31

[n]の発音を学ぼう!

できたら☑ □

➡ 音のイメージは「ぬいぐるみ」の「ヌ」

〇 口の形 少し開ける

💨 息づかい 鼻から息を出す

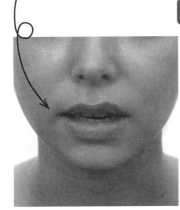

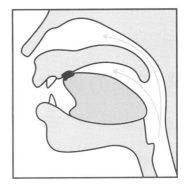

👅 舌の位置 舌先を上の歯ぐきにしっかり当てる

先生の解説 [n]は日本語のナ行の音によく似ています。[m]と同じよ
うに鼻から息を出す鼻音ですが、[m]とは異なり両唇を合わせませ
ん。舌先を上の歯ぐきにしっかり当てるのがポイントです。

　nowやnameのように、nの後ろにアクセントがある母音が続く場
合は、日本語のナ行の音よりも息を強く出しましょう。planはagainのようにn
音で終わる単語も、舌先が上の歯ぐきに触れますが、息は勢いよくは出ず、軽く
「ヌ」と抜けるだけです。

STEP 1 音の練習

できたら☑ ☐

[n]と読むつづり nなど

[n]				
	n[n]	n	⇒	now
	n[n]	n	⇒	name
	n[n]	n	⇒	again
	n[n]	n	⇒	downtown

ワンポイントアドバイス!
語尾にnが来ても、舌先を上の歯ぐきにしっかりつけましょう。

STEP 2 単語の練習

できたら☑ ☐

now (今)　　　　　name (名前)

number (数)　　　night (夜)

know (知っている)　noon (正午)

money (お金)　　　plan (計画)

again (もう一度)　　downtown (繁華街へ)

nowボーイのアドバイス!
[n]の音で発音される場合、nowやnameのようにnが語頭に来たり、againやtownのようにnが語尾に来たり、bone (骨) やlineのようにneが語尾に来たりするんだ。knowやknee (ひざ) のようにk音を発音せずn音から始まる単語もあるよ。

86

STEP 3 短文の練習

できたら☑ □

What time is it now?　　　（今何時ですか）
What's your name?　　　（お名前は何ですか）
Not again!　　　（もうたくさんだ!）
I need to go downtown.　　（繁華街に行く必要があります）

文で発音するときのポイント!　　Whatのt音とneedのd音は、小さな[ッ] のようになり、それぞれtimeとtoにつながり、[ホ**ワッタ**イム][**ニー**トゥ]のように、発音します。

STEP 4 会話の練習

できたら☑ □

A: What time is it now?　（今何時ですか）
B: It's seven fifteen.　　（7時15分です）

A: Another typhoon is coming.
　　　　　　　　　（もう一つ台風が来ていますよ）
B: Not again!　　　（もうたくさんだ!）

会話の発音ポイント!　　fifteen（15）とfifty（50）の発音の違いに注意しましょう。fifteenはteenに、fiftyはfifにアクセントを置いて、それぞれ[フィフ**ティーン**][**フィ**フティ]のように発音しましょう。Not again!はつながって[**ナ**ラゲ ン]のように聞こえます。

LEVEL1 基礎がため編

LEVEL2 実力養成編

LEVEL3 レベルアップ編

LEVEL4 会話で実践編

子音 [ŋ]

morningのng[ŋ]は舌先を 上の歯ぐきにつけないで「ン」

TRACK 32

[ŋ]の発音を学ぼう！

できたら☑ □

➡ 音のイメージは「絵本（エホン）」の「ン」

⬤口の形 少し開く

😮息づかい 鼻から息を出す

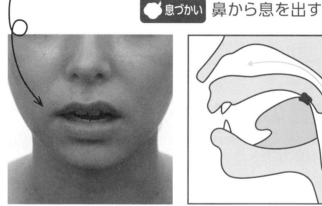

👅舌の位置 舌の奥を押し上げ上の歯ぐきの奥に付ける

先生の解説　[ŋ]も鼻から息が出る鼻音です。[n]と異なる点は、[n]が舌先が上の歯ぐきに触れるのに対して、[ŋ]は舌先が上の歯ぐきに触れません。

　例えば、日本語で「本音（ホンネ）」と言うときの「ン」は舌先が上の歯ぐきに一度触れますので[n]と同じですが、「本（ホン）」と言うときの「ン」は、舌先が上の歯ぐきには触れませんね。そのように触れない場合が[ŋ]の発音です。
[ŋ]は舌先が上の歯ぐきに触れませんが、舌の奥が押し上がり、上の歯ぐきの奥の方（軟口蓋）に付きます。

STEP 1 音の練習

できたら☑ ☐

[ŋ]と読むつづり ng, ngue

[ŋ]	ng [ŋ]	ng	⇒	morning
	ng [ŋ]	ng	⇒	song
	ng [ŋ]	ng	⇒	long
	ngue [ŋ]	ngue	⇒	tongue

ワンポイントアドバイス！ 舌先を上の歯ぐきに付けずに、空気が鼻から抜けるだけです。

STEP 2 単語の練習

できたら☑ ☐

morning （朝）　　song （歌）

long （長い）　　young （若い）

reading （読書）　　wing （羽根）

anchor （いかり）　　tongue （舌）

uncle （おじ）　　ink （インク）

morningボーイのアドバイス！ [ŋ]の発音は、morningやreading
など、ngで終わる単語によく現れるよぉー。[モーニング] [リーディング]と
最後のg音を[グ]とはっきり発音しないよぉ。「香港(ホンコン)」はHong Kong
と綴るけど[ホングコング]とは発音しないからぁ。tongue (舌)についても
「牛タング」ではなく「牛タン」と言うのを思い出してねぇ。

STEP 3 短文の練習

できたら☑ ☐

Good morning.	（おはよう）
I love this song.	（この歌は大好きです）
Her hair is very long.	（彼女の髪はとても長い）
I burned my tongue.	（舌をやけどしました）

文で発音するときのポイント!
Goodのd音は小さな[ッ]のようになり、morningにつながります。thisのsとsongのsはつながって、少し長めのsに聞こえます。

STEP 4 会話の練習

できたら☑ ☐

A: Good morning! 　　　　　　　　（おはよう!）
B: Good morning! How's everything? （おはよう!元気?）

A: I love this song. 　　　（この歌は大好きです）
B: Let's sing it together. （一緒に歌いましょう）

会話の発音ポイント!
songもsingもngで終わるので[g]とはっきり発音せず[n]と鼻から抜けるような音です。ただ、sing itのようにngの後ろに母音が続けば、[スィンギットゥ]のようにngとiがつながります。

子音
[l]

lunchのl[l]は舌先を
上の前歯の裏側に付ける

[l]の発音を学ぼう！

できたら☑ □

➡ 音のイメージは舌先を上の前歯の裏側に付け「ル」

👄 口の形　少し開ける

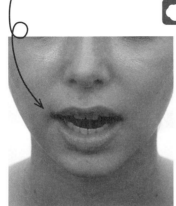

💨 息づかい　舌の両側を抜ける

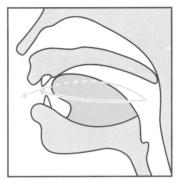

👅 舌の位置　上の前歯の裏にしっかり当てる

先生の解説　日本語のラ行の音に似ていますが、ラ行の音は、舌先を上の歯ぐきの中ほどに付けますが、英語の[l]は舌先を上の前歯の裏側に付けます。ここでは、lunchのように[l]が語頭に来る場合と、blueのように[l]がbのような子音の後ろに続く場合の練習をしましょう。

[l]が語頭や子音の後ろに続く場合は、舌先を上の歯の裏側に付けたあと、舌を口の中で下方に下ろし、口外に空気を出します。はっきりとした澄んだ響きに聞こえます。

STEP 1 音の練習

できたら☑ ☐

[l]と読むつづり l, ll など

[l]	l [l]	l	⇒	lunch
	l [l]	l	⇒	listen
	l [l]	l	⇒	late
	bl [l]	bl	⇒	blue

ワンポイントアドバイス!

舌先を上の前歯の裏側にしっかり付けます。

STEP 2 単語の練習

できたら☑ ☐

lunch (昼食) listen (聞く)

light (軽い、電気) lead (導く)

love (とても好き) late (遅い)

glad (嬉しい) play (遊ぶ)

blue (青) lately (最近)

lunchボーイのアドバイス!

[l] が語頭の場合は、直後に母音が続きます♫ また、playのように直前に子音と一緒に使う場合があります♫

STEP 3 短文の練習

できたら☑ ☐

I like blue and yellow.　（青と黄色が好きです）
Let's go for a light lunch.　（軽い昼食に行こうよ）
I can play the flute.　（フルートを弾くことができます）
I'm glad to hear it.　（それを聞いて嬉しいです）

文で発音するときのポイント！　blue and yellowのandは軽く発音し、d音はほとんど聞こえません。gladのd音とitのt音は小さな「ッ」のようになり、聞こえなくなるときもあります。

STEP 4 会話の練習

できたら☑ ☐

A: What color do you like?　（何色が好きですか）
B: I like blue and yellow.　（青と黄色が好きです）

A: Are you hungry?　（お腹減ってる?)
B: Yes. Let's go for a light lunch.　（うん。軽い昼食に行こうよ）

会話の発音ポイント！　Whatのt音は小さな「ッ」のようになり、colorにつながって[ホワッカラー]のような発音になります。文末は下げ調子で発音しましょう。lightのt音も消えがちでlunchにつながり、[ライッランチ]のように聞こえるときもあります。

母音
[r]

rainの r [r]は唇を丸めて、舌先が 上の歯ぐきに付かないように

TRACK
34

[r]の発音を学ぼう！

できたら☑ □

➡ 音のイメージはひょっとこの口で「ゥル」

🫦 口の形　丸めて少し 突き出す

😮 息づかい　口の緊張を緩め 息を外へ

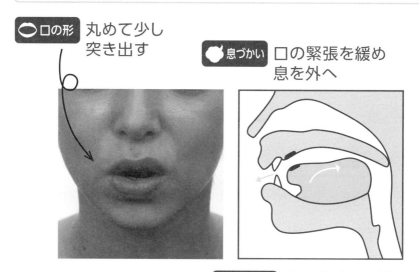

👅 舌の位置　上の歯ぐきに当てず 奥に引く

先生の解説　[r]の発音のコツは、まず口をすぼめて唇を丸めます。舌先が上の歯ぐきに付かないように舌を奥に引きながら、口の緊張を一気に緩め、空気を口外に出します。舌先を上の歯ぐきに付けて発音する日本語のラ行の発音にならないように注意しましょう。

難しいと感じる場合は、例えば、rainであれば、唇を丸めて[ウー]と言いながら、「ウーrain」と言ってみましょう。

[l]と区別しながら練習すると効果的です。

[r]（舌先を上の歯ぐきに付けない）　　[l]（舌先を上の前歯の裏側に付ける）
read（読む）　　⇔　lead（導く）

STEP 1 音の練習

できたら☑ □

[r]と読むつづり　r

[r]	r[r]	r	⇒	rain
	r[r]	r	⇒	run
	Fr[fr]	Fr	⇒	Friday
	br[br]	br	⇒	bridge

ワンポイントアドバイス！　口を丸めて舌先は上の歯ぐきに付けません。

STEP 2 単語の練習

できたら☑ □

rain（雨）　　　　red（赤）

right（正しい、右）　wrong（間違っている）

run（走る）　　　ready（用意ができている）

brown（茶色）　　Friday（金曜日）

cry（泣く）　　　bridge（橋）

 **rainボーイのアドバイス！**　rainやrightのように語頭に来て母音が続く場合や、brownやcryのように子音の直後に来る場合がありますぅ。

STEP 3 短文の練習

できたら☑ ☐

It will rain tomorrow.　　（明日雨が降ります）
Are you ready?　　　　　（用意はいいですか）
What's wrong?　　　　　（どうしたの?）
We crossed the bridge.　（私たちは橋を渡りました）

文で発音するときのポイント!　It willはつないでIt'll［**イ**ロォ］のように発音することもあります。Are you ready?は上げ調子で発音しますが、What's wrong?は、たいてい下げ調子で発音します。crossedのedは小さな［ッ］のようになり、後ろのtheにつながります。

STEP 4 会話の練習

できたら☑ ☐

A: It will rain tomorrow.　　　　（明日雨が降ります）
B: Oh, not again.　　　　　　　　（え〜、またですか）

A: What's wrong?　　　　　　　　（どうしたの?）
B: I'm worried about the test.　（試験のことが心配なんだ）

会話の発音ポイント!　not againは2語つないで［**ナ**ラ**ゲ**ン］のように発音してみましょう。aboutのt音は消えがちで、後ろのtheにつながります。

[r]の発音は日本人の永遠のテーマ?

　英語を学んでいる日本の人たちから、「[r]の発音は難しい」ということをよく耳にします。[r]は日本人の英語発音学習の永遠のテーマのようです。また、[r]は日本語のラ行の音に感じられて、[l]との区別もつきにくく、いつまでたっても上達しない、などということも聞きます。でも、実は[r]の発音はそんなに大変ではありません。

　[r]の音は日本語のラ行の音とよく比較されますが、本書でも見てきたように、ラ行の音は、舌先が上の歯ぐきに1回触れますが、[r]は舌先が上の歯ぐきに触れません。舌先が上の歯ぐきに触れないようにするには、唇を丸めるだけです。口を尖らせたまま[ウー]と言いながら、[ゥーラ][ゥーリ][ゥール][ゥーレ][ゥーロ]と言ってみましょう。

　[l]は、舌先が上に触れますが、日本語のラ行のように上の歯ぐきには付かず、上の歯の裏側に付きます。

　ミニマルペアを用いて練習すると効果的です。ミニマルペア(minimal　pairs)とは、1つの音が異なるだけで意味が変わってしまうの単語の対のことです。[r]と[l]を比較しながら練習してみましょう。

[r]	race(レース[競争])	[l]	lace(レース[編み物])
	right(右)		light(電気)
	wrong(間違った)		long(長い)

母音
[ɑːr]

parkのar [ɑːr]は「アー」の あとに舌を奥に引く

TRACK 35

[ɑːr]の発音を学ぼう！

できたら☑ □

➡ 音のイメージはビックリして「アーッ！」

 口の形 「ア」より大きく開ける

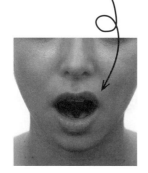

息づかい 強く、引いた舌にも当てる

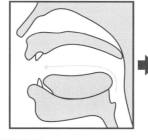 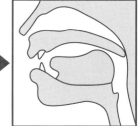

舌の位置 口の下部から、引く

先生の解説　日本語の「ア」よりも口を大きく開けて[アー]と伸ばします。[r]の音が含まれますので、できれば[アー]と伸ばした直後に舌を奥に引きましょう。

口の中を広くして、「あ〜」とあくびをするイメージです。レッスン20の[ɑ]を長くしたような音です。口をあまり開けずに発音すると、別の単語に聞こえてしまうときがあります。

例えば、star（星）は口を大きく開けて発音しますが、もし、口をあまり開けずに発音すると、stir（かき混ぜる）に聞こえてしまいます。英語の発音では、口の開き具合がとても重要なのです。

STEP 1 音の練習

できたら☑ □

[aːr]と読むつづり ar, ear, uarなど

[aːr]　par [paːr]　par　⇒　park
　　　　dar [daːr]　dar　⇒　dark
　　　　hear [haːr]　hear　⇒　heart

ワンポイントアドバイス!　□を大きく[アー]と言い、舌を奥に引きます。

STEP 2 単語の練習

できたら☑ □

park (公園)　　　hard (激しく)　　　dark (暗い)
star (星)　　　　heart (心)　　　　guard (警備員)

 parkボーイのアドバイス!　darkやparkのarは[aːr]と発音される
ことが多いよ! heartのearやguardのuarも[aːr]と発音するよ!

STEP 3 短文の練習

できたら☑ □

It's getting dark.　　　　　　(暗くなってきています)
It rained so hard yesterday.　(昨日は雨がひどかったね)
We went to an amusement park. (私たちは遊園地に行きました)

文で発音するときのポイント!　gettingのt音はラ行の音のようになり、
[ゲリン]と聞こえることもあります。

母音 [ɔːr]

moreのore [ɔːr]は「オー」のあとに舌を奥に引く

TRACK 36

[ɔːr]の発音を学ぼう!

できたら☑ ☐

➡ 音のイメージはなるほどの「オー」

◯口の形 「オ」よりも大きく開ける

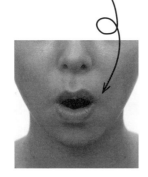

🗨息づかい 強く、引いた舌にも当てる

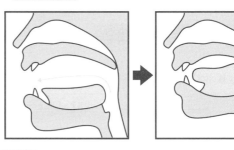

👅舌の位置 口の下部から、奥へ引く

先生の解説 はっきり[オ]と言いながら、その音を伸ばします。例えば、moreは[モア]と発音しがちですが、moreは[モ]と[ア]の組み合わせではなく[モー]と伸ばす感じです。できれば、[モー]と伸ばしながら舌を奥に引きましょう。レッスン13の[ɔː]も[オー]と伸ばしますが、[ɔːr]は[ɔː]のように[オ]と[ア]の中間音にはなりません。

m の [ɔːr]は「オー」のあとに舌を奥に引く

STEP1 音の練習

できたら☑ ▢

| [ɔːr]と読むつづり | ore, or, ar, our, oor |

[ɔːr]　ore [ɔːr]　　ore　　⇒　　more

　　　p or [ɔːr]　p or　　⇒　　p or k

　　　w ar [ɔːr]　w ar　　⇒　　w ar m

ワンポイントアドバイス！

　はっきりと[オ]と言いながら舌を奥に引きます。

STEP2 単語の練習

できたら☑ ▢

m ore （もっと）　　st ore （店）　　p or k （豚肉、ポーク）

d oor （ドア）　　p our （注ぐ）　　w ar m （暖かい）

moreボーイのアドバイス！　レッスン29のdarkのようにarは[ɑːr]と

発音することが多いけど、warmのように[ɔːr]と発音することもあるよ。

STEP3 短文の練習

できたら☑ ▢

Would you like some m ore coffee?

（コーヒーをもう少しいかがですか）

She went shopping at a department st ore.

（彼女はデパートに買い物に行きました）

This room is nice and w ar m. （この部屋は暖かくていいですね）

文で発音するときのポイント！　名詞が2つ続く場合、初めの語を強く発音。

101

レッスン **31**

母音 [əːr]

turnのur[əːr]は
口をあまり開けずに「アー」と「ウー」の間で

 TRACK 37

[əːr]の発音を学ぼう!

できたら☑ □

➡ 音のイメージは犬がうなって「ウーッ」

口の形 あまり開けない

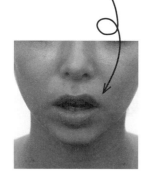

 息づかい 舌に強く当てる

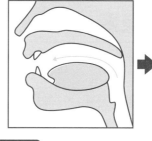 →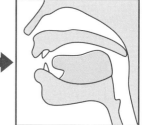

舌の位置 口の上部につけず、喉の奥に引く

先生の解説 　口を開け過ぎないことがいちばんのポイントです。舌を喉の奥の方に引きながら、日本語の「アー」と「ウー」を混ぜ合わせたような音で発音します。

turnやserviceは日本語では外来語の「ターン」「サービス」で発音しがちですが、英語ではturやserは口をあまり開かずに発音しましょう。

hurt（傷つける）は口をあまり開かず[əːr]と発音しますが、これを口を大きく開けて発音すると heart（心）に聞こえてしまうので注意しましょう。

STEP 1 音の練習

[ə:r]と読むつづり　ur, or, ir, er

[ə:r]　tur [tə:r]　tur　⇒　turn
　　　 wor [wə:r]　wor　⇒　work
　　　 bir [bə:r]　bir　⇒　bird

ワンポイントアドバイス!　　　口をあまり開けない「アー」で舌を奥に引きます。

STEP 2 単語の練習

turn (曲がる)　　birthday (誕生日)　　work (働く、仕事)
bird (鳥)　　service (サービス)　　first (最初の)

**turnボーイのアドバイス!**　　turnのur、birdのir、workのor、service
のerの部分は、[ə:r]の発音になることが多いよ。

STEP 3 短文の練習

Turn left at the park.　　（公園の所で左に曲がりなさい）
Happy birthday!　　　　 （お誕生日おめでとう!）
I work for a bank.　　　 （銀行で働いています）

文で発音するときのポイント!　　happyとbankのaの発音は[ア]と[エ]の
中間音[æ]で発音しましょう。

LEVEL 1 基礎がため編
LEVEL 2 実力養成編
LEVEL 3 レベルアップ編
LEVEL 4 会話で実践編

レッスン 32

音節
[si / si:]

seat / seat のsi / sea [si / si:]は
「シ(ー)」ではなく「スィ(ー)」

TRACK 38

[si / si:]の発音を学ぼう！

できたら☑ □

➡ 音のイメージは「ス」と「イ」を同時に

👄 口の形 [si]横に広く開ける [si:]さらに横に広く開ける

[si]

[si:]

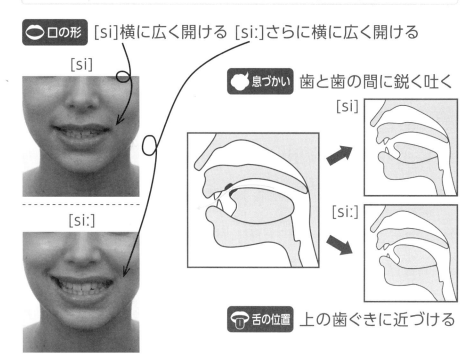

💨 息づかい 歯と歯の間に鋭く吐く

[si]

[si:]

👅 舌の位置 上の歯ぐきに近づける

先生の解説 　[日本語のサ行は[サシスセソ]なので、例えば、seat beltはどうしても[シートベルト]と発音してしまいます。seatは[シート]ではなく[**スィ**ートゥ]のように発音します。

　とは言え、[シ]を[スィ]と発音するのが難しいと感じる日本人は多いようです。そういう場合は、まず[ス]と[イ]を[ス・イ][ス・イ]と別々に発音し、それを少しずつ早く発音してみてください。そうすると[ス]と[イ]が自然につながって[スィ]という音になります。

STEP 1 音の練習

できたら☑ □

[si / si:]と読むつづり 　si, ci / seaなど

[si]	si [si]	si	⇒	s t
	ci [si]	ci	⇒	c ty
[si:]	sea [si:]	sea	⇒	sea t

ワンポイントアドバイス！

[si:]は口を横にしっかり開き、笑顔を作ります。

STEP 2 単語の練習

できたら☑ □

[si] ▶ s t （座る）　　　six (6)　　　c ty （都市）
[si:] ▶ sea t （座席）　　son （季節）　　see （見える）

sea ボーイのアドバイス！　　[si]はsitのsi、cityのciで綴る場合、
[si:]は、seeやkeepのeeで、seasonやspeakのeaで綴る場合などだよ。

STEP 3 短文の練習

できたら☑ □

[si] Please s t down. 　　　（どうぞお座りください）
[si] San Fran sco is a beautiful c ty.
　　　　　　　　　　　　（サンフランシスコは美しい街です）
[si:] Which sea son do you like the best?
　　　　　　　　　　　　（どの季節がいちばん好きですか）

文で発音するときのポイント！　　sitのt音は小さな[ッ]のようになります。

LEVEL 1 基礎がため編
LEVEL 2 実力養成編
LEVEL 3 レベルアップ編
LEVEL 4 会話で実践編

レッスン
33

音節
[zi / zi:]

position / magazineの [zi / zi:]は「ジ(ー)」ではなく「ズィ(ー)」

TRACK
39

[zi / zi:]の発音を学ぼう!

できたら☑ ☐

➡ 音のイメージは「ズ」と「イ」を同時に

🗣 口の形　[zi]大きく横に開ける　[zi:]さらに大きく横に開ける

[zi]

[zi:]

💨 息づかい　歯と歯の間に鋭く

[zi]

[zi:]

👅 舌の位置　上の歯ぐきに近づける

先生の解説　　[zi(:)]については[si(:)]の考え方と同じです。日本語のザ行は[ザジズゼゾ]なので、例えば、positionの発音は外来語の[ポジション]という発音になりがちです。[ジ]を[ズィ]にして[パ**ズィ**シュン]のように発音してみましょう。

[ジ]を[ズィ]と発音するのが難しく感じる場合は、[si(:)]で練習したときと同じように、[ズ]と[イ]を[ズ・イ][ズ・イ]と別々に発音し、それを徐々に早くしていくと、[ズ]と[イ]が自然につながって[ズィ]という音が発音できるようになります。

STEP **1** 音の練習 できたら☑ ☐

[zi/ziː]と読むつづり sy, si, zi, ze

[zi]	zi [zi]	zi	⇒	zip
	si [zi]	si	⇒	position
[ziː]	zi [ziː]	zi	⇒	magazine

> **ワンポイントアドバイス！** [ziː]は口を横にしっかり開き、笑顔を作ります。

STEP **2** 単語の練習 できたら☑ ☐

[zi] ▶ zip (ジッパーで締める) zigzag (ジグザグ) position (位置)

[ziː] ▶ zebra (シマウマ) magazine (雑誌) busy (忙しい)

 magazineボーイのアドバイス！ [zi]はpositionのようにsiで綴る場合、[ziː]はzebraやmagazineのようにze、ziで綴る場合などがあるんだ。

STEP **3** 短文の練習 できたら☑ ☐

[zi] What's your position in the company?
(会社でのあなたの職位は何ですか)

[ziː] I like to read sports magazines.
(私はスポーツ雑誌を読むのが好きです)

[ziː] I'm so busy today. (今日はとても忙しいです)

> **文で発音するときのポイント！** magazineは後ろにアクセントがあります。

レッスン 34

子音[l]
（語中・語尾）

schoolの[l]は
舌先を上の歯の裏側に付けるだけ

TRACK 40

[l]（語中・語尾）の発音を学ぼう！

できたら☑ □

➡ 音のイメージは「ル」ではなく軽く「ォ」

🔵 口の形　口の中に空洞を作る

💨 息づかい　舌の両側から軽く

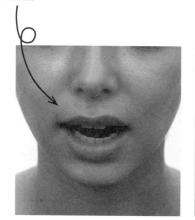

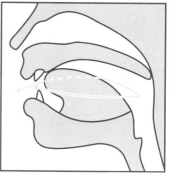

👅 舌の位置　舌先を上の前歯の裏側につける

先生の解説　lunchのように[l]が語頭にくる場合の発音については、レッスン27ですでに学びましたが、ここではhelpやschoolのように[l]が語中や語尾に出てくる発音を見ていきましょう。

例えば、schoolは外来語にもあるように、[スクール]と発音しがちですが、この場合、語尾の[l]を[ル]ではなく[ォ]のように捉え、[ス**クー**ォ]のように発音してみましょう。[ォ]と言うときに、舌先を上の前歯の裏側に付けてみてください。同じように、[l]が語中にあり直後に子音が続く場合、例えば、helpは[ヘルプ]ではなく[**ヘ**ォプ]、milkは[ミルク]ではなく[**ミ**ォク]のように発音してみてください。

音の練習

STEP 1

できたら☑ □

語中・語尾で[l]と読むつづり l, le

[l]	he l [l]	he	⇒	he p
	oo l [l]	oo	⇒	schoo l
	p le [l]	p	⇒	app l

舌を上の歯の裏側に付け軽く[ォ]と言います。

単語の練習

STEP 2

できたら☑ □

he l p （手伝う）　　mi l k （ミルク）　　schoo l （学校）

hospita l （病院）　　sa le （セール）　　app l （リンゴ）

 schoolボーイのアドバイス！　helpやmilkのように、lが語中にあり、後ろに子音が続く場合、[ォ]のように発音するよ。

短文の練習

STEP 3

できたら☑ □

Can I he l p you?　　　　（お手伝いしましょうか）

It's on sa le now.　　　　（それは今セール中です）

I go to schoo l by bicyc le .　（自転車で学校に行きます）

文で発音するときのポイント！　Can Iは[キャナイ]、help youは[ヘォピュー]のように2語つないで発音しましょう。saleは[セイォ]のように発音します。

レモンは英語?

　以前、日本人の男子高校生に、「先生、レモン(lemon)って英語じゃないんですか」と尋ねられました。「英語だよ(*もともとはヒンドゥー語)。どうして?」と聞き返すと、「ALTの先生にレモンと言っても通じなかったんです」ということでした。「どう発音したの?」と尋ねたら、[レモン]って言ったと言うのです。「le」は日本語のラ行の[レ]、「モ」にアクセントを置いてmo、「ン」は口を閉じて[m]の音。さすがにこれでは通じませんね。[レ]も[モ]も[ン]も違う音になっています。本来はleにアクセントを置いて、moは軽くなり、nでは口を閉じず、[レマン]のように発音します。このように日常的に知っている簡単な単語でも、発音が原因で通じなくなるのは、本当にもったいないですね。

　別の例ですが、アメリカの友人宅で料理を作るお手伝いをしていた日本人のご婦人が、サラダオイルがないかと、「オイル、オイル」と何度言っても分かってもらえなかった経験があると話してくれたことがあります。oilは[オ・イ・ル]ではなく、oiはoを強く、iを弱く発音する二重母音、語尾のlは軽く添える感じで[オイォ]のように言わないと通じません。

　こう考えると、発音ってすごく大事だなと思いませんか。簡単な言葉が伝わらないだけで自信がなくなってしまうこともあるかもしれません。無理なく、少しずつでいいので、相手に理解しやすい発音を身に付けていきましょう。

本書で紹介している英語の発音一覧

母音

発音ボーイズ	発音記号	たとえばどんな単語?	レッスン	掲載ページ
	[ʌ]	hungry	1	18
	[e]	get	2	21
	[i]	big	3	24
	[u]	book	4	27
	[i:]	eat	11	48
	[u:]	cool	12	50
	[ɔ:]	walk	13	52
	[ou]	home	14	54
	[ei]	cake	15	56

発音ボーイズ	発音記号	たとえばどんな単語?	レッスン	掲載ページ
	[ai]	ice	16	58
	[au]	out	17	60
	[ɔi]	boy	18	62
	[æ]	happy	19	66
	[ɑ]	hot	20	69
	[ə]	computer	21	72
	[ɑːr]	park	29	98
	[ɔːr]	more	30	100
	[əːr]	turn	31	102

子音

発音ボーイズ	発音記号	たとえばどんな単語?	レッスン	掲載ページ
	[p]	push	5	30
	[b]	best	6	33
	[k]	key	7	36
	[g]	good	8	39
	[t]	tennis	9	42
	[d]	doctor	10	45

発音ボーイズ	発音記号	たとえばどんな単語?	レッスン	掲載ページ
	[s]	subject	22	75
	[z]	zoo	23	78
	[m]	Monday	24	82
	[n]	now	25	85
	[ŋ]	morning	26	88
	[l] (initial)	lunch	27	91

LEVEL1 基礎がため編　LEVEL2 実力養成編　LEVEL3 レベルアップ編　LEVEL4 会話で実践編

本書で紹介している英語の発音一覧

子音

発音ボーイズ	発音記号	たとえばどんな単語?	レッスン	掲載ページ
	[r]	rain	28	94
	[l] (medial & final)	school	34	108
	[tʃ]	chocolate	35	114
	[dʒ]	jacket	36	117
	[ʃ]	she	37	120
	[ʒ]	television	38	123
	[j]	yellow	39	126
	[w]	swimming	40	130
	[f]	food	41	133

発音ボーイズ	発音記号	たとえばどんな単語?	レッスン	掲載ページ
	[v]	very	42	136
	[θ]	thank	43	139
	[ð]	this	44	142
	[kw]	quiz	45	146
	[h]	high	46	148
	[hw]	white	46	148
	[tr]	train	47	150
	[dr]	drink	48	152

音節

発音ボーイズ	発音記号	たとえばどんな単語?	レッスン	掲載ページ
	[si / si:]	seat / sit	32	104

発音ボーイズ	発音記号	たとえばどんな単語?	レッスン	掲載ページ
	[zi / zi:]	position / magazine	33	106

LEVEL3 レベルアップ編
必須の10音
&
ステップアップの4音

日本語にはなく、
また日本人が習得に苦労する、
まさにレベルアップのための14音です。

[th]の発音などの音をマスターして、
ネイティブに伝わる発音を身につけましょう。

chocolateのch[tʃ]は 舌を上の歯ぐきに付けて「チ」

TRACK 41

[tʃ]の発音を学ぼう！

できたら☑ ☐

⮕ 音のイメージは「ちゃっかり」の「チャ」

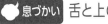

口の形 少し開ける

息づかい 舌と上の歯ぐきの間から強くはじき出す

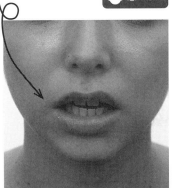

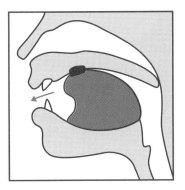

舌の位置 上の歯ぐきに当てる

先生の解説 　日本語のチャ行の音とほぼ同じです。舌を上の歯ぐきに瞬間的に当て、chocolateやchickenのように[tʃ]が語頭にあり、母音が続きアクセントがある場合は、[チョコレート][チキン]のように平坦にではなく、[**チャ**カリッ][**チ**キン]のように日本語よりも勢いよく、鮮明に発音します。

lunchやbeachのように[tʃ]が語尾にある場合は、息をそんなに強くは出しません。特に、外来語の[ランチ]や[ビーチ]のような場合、語尾を[チ(chi)]とchのあとに母音のiを入れないように注意しましょう。

114

STEP 1 音の練習

できたら☑ ☐

[tʃ]と読むつづり　chなど

[tʃ]	ch[tʃ]	ch	⇒	chocolate
	ch[tʃ]	ch	⇒	change
	ch[tʃ]	ch	⇒	lunch
	ch[tʃ]	ch	⇒	each

ワンポイントアドバイス!　　　語尾がchのときは、日本語のchi[チ]のように母音iを発音しないように注意しましょう。

STEP 2 単語の練習

できたら☑ ☐

chocolate（チョコレート）　　change（変える）

chicken（チキン）　　choose（選ぶ）

kitchen（キッチン）　　teacher（先生）

church（教会）　　beach（ビーチ）

lunch（お昼ご飯）　　each（各々の）

chocolateボーイのアドバイス!　　　[tʃ]の音で発音される場合、chで綴ることが多いよ。chairやchooseのように語頭の場合、kitchenのように真ん中にくる場合、muchやwatchのように語尾にくる場合などがあるの。でも、chはschool、scheduleなど、[k]と発音したり、machineのように[ʃ]と発音する場合もあるよ。

STEP 3 短文の練習

できたら☑ □

Can I have the chocolate chip cookies?
（チョコチップクッキー食べてもいいですか）
I changed my mind.　（考えを変えました）
What did you have for lunch?
（お昼ご飯は何を食べましたか）
We help each other.　（私たちはお互いに助け合います）

文で発音するときのポイント!

Can Iは2語つないで[キャナイ]のように
発音します。changeは[チェンジ]ではなく[**チェ**インヂ]と、語頭を強く勢い
よく発音しましょう。

STEP 4 会話の練習

できたら☑ □

A: Can I have the chocolate chip cookies?
（チョコチップクッキー食べてもいいですか）
B: Help yourself.　（自由に取って食べてください）

A: What did you have for lunch?
（お昼ご飯は何を食べましたか）
B: I had some fried chicken.
（フライドチキンを食べました）

会話の発音ポイント!

chocolateは[チョコレート]ではなく[**チャ**カリッ]の
ように発音してみましょう。Help yourself.は2語つないで[**ヘ**ォピョー**セ**ォフ]
のように、What did youは3語つないで[ホ**ワ**ッディジュー]のように発音
します。

レッスン
36

子音
[dʒ]

jacketのj[dʒ]は
舌を上の歯ぐきに付けて「ヂ」

TRACK
42

[dʒ]の発音を学ぼう!

できたら☑ □

➡ 音のイメージは「じゃあね」の「ジャ」

口の形 少し開ける

 息づかい 舌と上の歯ぐきの間に強く送る

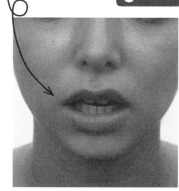

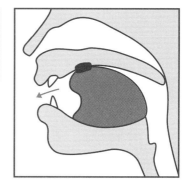

舌の位置 上の歯ぐきに当てる

先生の解説 　口の形、舌の位置は[tʃ]と同じです。[tʃ]は息だけが出ますが（無声音）、[dʒ]は声が出ます（有声音）。外来語の「ジャケット」「ジュース」「ジョギング」を日本語で発音するときの「ジャ」「ジュ」「ジョ」のように、舌を上の歯ぐきに付けて息を強く出します。「じゃあね」の「じ」も同じです。

　「チ」と言うときには舌が上の歯ぐきに付きますので、そのまま濁点を付けて「ヂ」と言ってみましょう。pageやbridgeのように[dʒ]が語尾にある場合は、息の出方は弱くなります。

STEP 1 音の練習

できたら☑ □

[dʒ]と読むつづり　j, ge, dgeなど

[dʒ]	j[dʒ]	j	⇒	jacket
	j[dʒ]	j	⇒	juice
	ge[dʒ]	ge	⇒	page
	dge[dʒ]	dge	⇒	bridge

ワンポイントアドバイス!　語尾が(d)geのときは、日本語の[ジ](ji)のように母音iを発音しないように注意しましょう。

STEP 2 単語の練習

できたら☑ □

jacket (上着)　　　　　juice (ジュース)

joke (冗談)　　　　　　job (仕事)

jump (跳ぶ)　　　　　　gentle (優しい)

engine (エンジン)　　　adjust (調整する)

page (ページ)　　　　　bridge (橋)

jacketボーイのアドバイス!　jacketやjuiceのようにjで始まる場合、pageやcollegeのように語尾がgeの場合、またbridgeやknowledgeのように語尾がdgeの場合は[dʒ]で発音することが多いですよ。

STEP 3 短文の練習

できたら☑ □

The jacket looks nice on you.

(そのジャケットお似合いですね)

Can I have an apple juice, please?

(アップルジュースをお願いします)

Open your books to page 11.

(11ページを開けてください)

The bridge was damaged. (橋が被害を受けました)

> **文で発音するときのポイント!**
>
> openとpageは[オープン][ページ]と伸ばさずに、それぞれ[**オ**ウプン][**ペ**イヂ]のように二重母音で発音しましょう。

STEP 4 会話の練習

できたら☑ □

A: The jacket looks nice on you.

(そのジャケットお似合いですね)

B: Thank you. It was made in Japan.

(ありがとう。日本製です)

A: It was a terrible typhoon. (ひどい台風でした)

B: Yes. The bridge was damaged
and it's closed now.

(そうですね。橋が被害を受け、現在通行止めになっています)

> **会話の発音ポイント!**
>
> jacketとniceを強く発音します。jacketのt音はほとんど聞こえません。bridgeとdamagedとclosedを強く発音します。damageは[ダメージ]でななく[**ダ**ミッヂ]のように発音しましょう。

子音 [ʃ]

sheのsh [ʃ]は日本語の「シ」を鋭く[シー]

TRACK 43

[ʃ]の発音を学ぼう!

できたら☑ ☐

➡ 音のイメージは「静かに!」の「シー!」

口の形 少し前に突き出す

息づかい 歯と歯の間から勢いよく出す

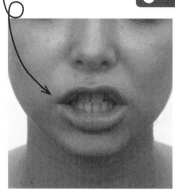

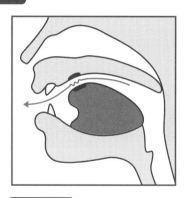

舌の位置 上の前方の歯ぐきに近づける

先生の解説　日本語の「シ」に似ていますが、日本語より勢いよく音を出します。「静かにしてください」と人差し指を口の前に立てて「シー!」と言うときのような感じです。少しだけ口を前に突き出し、上の歯と下の歯の狭い間から外に強く息を出します。

sheet(紙)のように[ʃ]のあとに[i]が続き[ʃi]となる場合、[si]と混同しやすいので注意しましょう。sheetは[**シー**トゥ]、seat(座席)は[**スィー**トゥ]のように発音します。

STEP 1 音の練習

できたら☑ ☐

[ʃ]と読むつづり　sh

[ʃ]	sh[ʃ]	sh	⇒	she
	sh[ʃ]	sh	⇒	shopping
	sh[ʃ]	sh	⇒	fish
	sh[ʃ]	sh	⇒	dish

ワンポイントアドバイス! 語尾がshのときは、日本語の[シュ](shu)のように母音uを発音しないように注意しましょう。

STEP 2 単語の練習

できたら☑ ☐

she（彼女は）

sheet（紙）

shoes（靴）

ocean（海）

dish（皿）

shopping（買い物）

ship（船）

sure（確信している）

fashion（ファッション）

fish（魚）

sheボーイのアドバイス! sheやshoppingのように、基本的にはshで綴る場合が多いよ! fishやdishのように語尾にくる場合もあるよ! また、machine[マシーン]のように、例外的にchで綴る場合もあるよ!

STEP **3** 短文の練習　　　　　　　　できたら☑ ☐

She washed the dishes. 　(彼女がお皿を洗ってくれました)

I went shopping. 　(買い物に行きました)

Write your name on your answer sheet.
　　　　　　　　　　　　　　(解答用紙に名前を書いてください)

I'd like to have the fish. 　(お魚料理をお願いします)

文で発音するときのポイント!

wash、dish、fishのようにshが語尾にある場合、息はあまり強くは出しません。write yourとon yourはつながって、それぞれ[**ライチョーァ**]、[**アンニョーァ**]のように発音してみましょう。

STEP **4** 会話の練習　　　　　　　　できたら☑ ☐

A: What did you do yesterday? (昨日何をしましたか)
B: I went shopping with my friends.
　　　　　　　　　　　　　　(友だちと買い物に行きました)

A: Are you ready to order?
　　　　　　　　　　　　(ご注文よろしいでしょうか)
B: Yes. I'll have the fish for the main dish.
　　　　　　　　　　(メイン料理にはお魚料理をお願いします)

会話の発音ポイント!

shoppingは[ショ・ッ・ピ・ン・グ]ではなく[**シャピン**]と最初を強く一気に発音します。最後の[グ]は聞こえません(レッスン26参照)。Are you ready to order?はreadyとorderを強く発音しましょう。I'llは[アイル]ではなく[**アイォ**]のように聞こえます。

television の s [ʒ] は舌を 上の歯ぐきに付けない「ジ」

TRACK 44

[ʒ]の発音を学ぼう!

できたら☑ □

➡ 音のイメージは「矛盾（ムジュン）」の「ジュ」

口の形 少し前に突き出す

息づかい 歯と歯の間から勢いよく出す

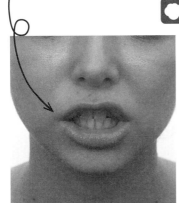

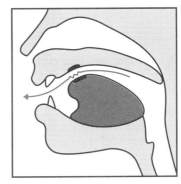

舌の位置 上の前方の歯ぐきに近づける

先生の解説　口の形、舌の位置はレッスン37の [ʃ] と同じです。[ʃ] は息だけが出る無声音ですが、[ʒ] は声が出る有声音です。手のひらを喉に当てて発音してみると違いがよく分かります。[ʃ] を発音するときは喉が震えませんが [ʒ] の場合は喉が震えます。一度試してみてください。

レッスン36の [dʒ] によく似ていますが、異なるところは、[ʒ] の場合、舌を上の歯ぐきに付けないということです。日本語で「シ」と言うときには舌が上の歯ぐきに付きませんので、舌を口の下方に置いたまま濁点を付けるイメージで「ジ」と言ってみましょう。

STEP 1 音の練習

できたら☑ ☐

[ʒ]と読むつづり s, ge

[ʒ]	s[ʒ]	s	⇒	television
	s[ʒ]	s	⇒	usually
	s[ʒ]	s	⇒	pleasure
	s[ʒ]	s	⇒	casual

ワンポイントアドバイス!

舌を上の歯ぐきに付けないように注意しましょう。

STEP 2 単語の練習

できたら☑ ☐

television (テレビ)　　usually (たいてい)

pleasure (喜び)　　casual (カジュアルな)

treasure (宝物)　　leisure (レジャー)

decision (決定、決心)　　measure (測る)

Asia (アジア)　　beige (ベージュ)

televisionボーイのアドバイス!

語尾がsionやsureで終わるときに[ʒ]の発音になることが多いのさ♪discussion（議論）やpassion（情熱）などssionで終わる場合は[ʃ]になるのさ♪

STEP 3 短文の練習

できたら☑ □

I saw that movie on television last night.
（夕べその映画をテレビで観ました）

I usually go to the gym after work.
（仕事のあと、たいていジムに行きます）

It's a pleasure to meet you. （お会いできて嬉しいです）

We wear casual clothes at work.
（私たちは職場ではカジュアルな服装を着ています）

文で発音するときのポイント! thatの語尾のt音は小さな[ッ]のようになりmovieにつながります。casualは外来語発音の[カジュアル]ではなく、[**キャ**ジュォ]のように発音しましょう。clothesはthの綴りになっていますが、通常close（閉める）と同じように発音されます。

STEP 4 会話の練習

できたら☑ □

A: I saw that movie on television last night.
（夕べその映画をテレビで観ました）
B: How did you like it? （どうでしたか）

A: It's a pleasure to meet you. （お会いできて嬉しいです）
B: The pleasure is all mine. （こちらこそ）

会話の発音ポイント! last nightのt音は消えがちで、[**ラスナ**イ]のように聞こえるときもあります。did you、like it、meet youは2語つないで、それぞれ[ディヂュー] [**ラ**イキッ] [**ミ**ーチュー]のように発音してみましょう。

LEVEL1 基礎がため編 / LEVEL2 実力養成編 / LEVEL3 レベルアップ編 / LEVEL4 会話で実践編

レッスン 39

子音 [j]

yellowのy[j]は「イ」と「エ」を同時に素早く言う「イェ」

TRACK 45

---

[j]の発音を学ぼう!

できたら☑ □

➡ 音のイメージは歓喜の声の「イェーイ!」

口の形 少し突き出す

息づかい 舌と上の歯ぐきのすき間から息を出す

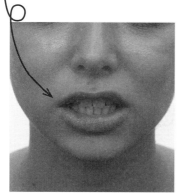

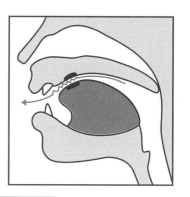

舌の位置 舌の奥を口内の上部分に近づける

先生の解説 [j]は日本語のヤ行の音に似ています。発音記号はjで示されますが、jacketやjumpのjの音(レッスン36[dʒ])ではありませんので誤解がないように気をつけてください。

日本語のヤ行は[ヤ][ユ][ヨ]しかありませんので、youngやyouのように[ヤ]や[ユ]の音は言いやすいのですが、yellowは日本人には少々難しく[イエロー]と発音しがちです。yの発音は[i]([イ])という母音ではありません。ヤ行の音のようにyellowのyeは[イェ]、yearのyeは[イィ]のように舌と上の歯ぐきを接近させながら発音してみましょう。

STEP ① 音の練習

できたら☑ □

[j]と読むつづり　yなど

[j]	y[j]	y	⇒	yellow
	y[j]	y	⇒	yesterday
	y[j]	y	⇒	yet
	y[j]	y	⇒	year

ワンポイントアドバイス!

yellowは[イエロー]ではなく[**イェ**ロウ]と発音しましょう。

STEP ② 単語の練習

できたら☑ □

yellow (黄色)　　　　　yesterday (昨日)

yet (まだ)　　　　　　year (年)

use (使う)　　　　　　young (若い)

cute (可愛い)　　　　　beautiful (美しい)

few (少ない)　　　　　music (音楽)

 yellowボーイのアドバイス!

yellowやyoungのように、yで始まる単語は基本的に[j]で発音しよう! yの後ろには母音が続き、yと母音を同時に素早く発音しよう!

LEVEL1 基礎がため編
LEVEL2 実力養成編
LEVEL3 レベルアップ編
LEVEL4 会話で実践編

STEP **3** 短文の練習

できたら☑ □

Did you see his yellow car?　(彼の黄色い車見た?)

I took a day off yesterday.　　(昨日は仕事を休みました)

I'm not finished yet.　　　　(まだ終わっていません)

I've lived in Tokyo for about two years.

(約2年間東京に住んでいます)

> **文で発音するときのポイント!**　　Did youとtook aはそれぞれ2語つない
> で、[**ディジュー**]、[**トゥッカ**]のように発音しましょう。I'm not finished yet.
> のnotとyetの語尾のt音はほとんど聞こえないときもあります。

STEP **4** 会話の練習

できたら☑ □

A: Did you see his yellow sports car?

(彼の黄色いスポーツカー見た?)

B: Yes. It's really nice, isn't it?

(うん、ホント素敵よね)

A: How long have you lived in Tokyo?

(東京にはどのくらいお住まいですか)

B: About two years.　(約2年です)

> **会話の発音ポイント!**　　「〜だよね」と同意を求めるisn't it?([**イ**ズンティッ]
> または[**イ**ズニッ])は下げ調子で発音しましょう。ear(耳)とyear(年)の発音
> の区別ができるようにしましょう。earは母音の[i]、yearは舌と上の歯ぐ
> きを接近させながら[ji]と発音します。

英語発音の3原則

　日本語と英語を比べると、いろんな意味で日本語が複雑です。例えば、文字は、漢字、ひらがな、カタカナの3種類。英語はアルファベットの26文字だけです。動詞や形容詞の活用など、文法的にも日本語のほうが複雑です。英語には丁寧表現はありますが、日本語のように「食べる」が「いただく」や「めしあがる」に変化する敬語はありません。

　ただ、日本語よりも英語が複雑な要素が1つあります。それが音声です。英語はとにかく音が多いのです。だから、日本人にとって英語でのスピーキングとリスニングは大変です。英語はちょっとした口の開き具合で音や意味が変わってしまいます。

原則① 口をパクパクさせる

　英語の発音でいちばん大切なことは、口をパクパクさせ、はっきりと発音することです。「練習だからみんなで元気よく」という意味ではありません。口をパクパクしておかないと、音が多い英語では、音の違いが表せないからです。

原則② 音の「波」に気を付ける

　ここで言う「波」とは、リズムやイントネーションなどのことです。言葉の波が異なれば、意味も変化します。また、不自然な「波」は聞きづらく、簡単な文章ですら理解してもらえないときもあります。英語には英語らしい「波」がありますので、それを守って発音することが大切です。

原則③ 一つひとつの音を大切にする

　1つの音の発音が違うだけで、意味が通じなかったり、その場にふさわしくない意味に聞こえたりもします。ときには相手に不快感を与える意味になる場合もあります。特に、日本語にはない音が発音できるように少しずつ練習しましょう。

swimmingのw [w] は
唇を丸めて[ウィ]

[w]の発音を学ぼう!

できたら☑ ☐

➡ 音のイメージは「ウ」と「イ」を同時に

●口の形 唇を丸める

●息づかい 舌と上の歯ぐきのすき間から息を出す

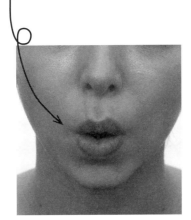

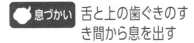

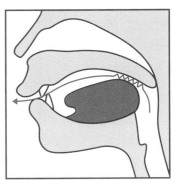

●舌の位置 上奥に

先生の解説 swimmingやweekなどは、外来語として[スイミング][ウイーク]と発音しがちですが、wは[イ]という母音ではありません。日本語のワ行の音に似ていますが、ワ行の音を発音するときよりも唇を丸めて突き出します。[スウィミン][ウィーク]のように発音してみましょう。

唇を丸めて[ウ]と[イ]を同時に[ウィ]と勢いよく発音しましょう。wellも[ウエル]ではなく[ウェォ]のように発音します。womanやwoodはさらに注意が必要で、[ウーマン][ウッド]と母音の[ウ]ではなく、唇を丸めて[ウォ]のように勢いよく息を出しましょう。

STEP 1 音の練習

できたら☑ ☐

[w]と読むつづり w

[w]	w[w]	w	⇒	swimming
	w[w]	w	⇒	week
	w[w]	w	⇒	Wednesday
	w[w]	w	⇒	woman

ワンポイントアドバイス!
womanのwoは唇を丸めて[ワ]と[ヲ]を混ぜ合わせたような音を出しましょう。

STEP 2 単語の練習

できたら☑ ☐

swimming (水泳)　　　　sweet (甘い)

Wednesday (水曜日)　　winter (冬)

wind (風)　　　　　　　waiter (ウエイター)

week (週)　　　　　　　wool (ウール)

wood (木)　　　　　　　woman (女性)

swimmingボーイのアドバイス!
swimmingやwomanのようにwの後ろに母音が続くときに[w]の音になるよ。lowやrainbowのようにwが最後にくると、[ロウ][レインボウ]のように[ou]という二重母音になるのさ。

STEP 3 短文の練習　できたら☑ ⬜

We went swimming.　（私たちは泳ぎに行きました。）
Would you close the window?
　　　　　　　（窓を閉めてもらえませんか。）
Wednesday works for me. （水曜日は都合がいいです。）
Can you see the woman with a hat?
　　　　　　（帽子をかぶっている女性が見えますか。）

文で発音するときのポイント!　Wouldのd音は小さな[ッ]のようになり、後ろのyouにつながります。windowの語尾はwで綴りますが、owで[ou]という二重母音になります。Can youとwith aは、それぞれ2語つないで発音しましょう。

STEP 4 会話の練習　できたら☑ ⬜

A: What did you do last week?　（先週何をしましたか）
B: We went swimming.　　　　（泳ぎに行きました）

A: Does Wednesday work for you?
　　　　　　（水曜日はご都合いかがですか）
B: Yes. Any day is fine with me this week.
　　　　　　（はい。今週はどの日も大丈夫です）

会話の発音ポイント!　What did youは3語つないで[ホワッディチュー]のように発音します。Weは[ウイ]、wentは[ウエント]、swimmingは[スイミング]となりがちです。[ウ]と[イ]、[ウ]と[エ]を同時に[ウィ][ウェ]のように[ウィ **ウェ**ントゥ スウィミン]と歯切れよくリズミカルに発音してみましょう。

子音 [f]

foodのf[f]は 上の歯を下唇に乗せ[フッ]

TRACK 47

[f]の発音を学ぼう!

できたら☑ □

➡ 音のイメージは上の歯と下唇で風を「フッ」

 口の形 **上の歯を下唇に乗せる**

息づかい **上の歯と下唇の間から強く外へ**

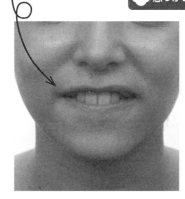

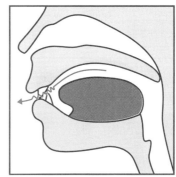

舌の位置 **下に低く**

先生の解説　上の歯を下の唇に軽くのせて、摩擦させながら[フッ]と息を勢いよく出します。日本語のハ行の[フ]の音と混同しやすいので注意しましょう。日本語の[フ]は両唇の狭い間から息が出て、歯と唇の摩擦は起こりません。

外来語発音は特に注意が必要です。例えば、外来語のfoodは[フード]、footballは[フットボール]と発音しますが、[f]は摩擦音ですので、[フッ]と勢いよく風が吹くようなイメージで発音してみましょう。

STEP ①　音の練習

できたら☑ ▢

[f]と読むつづり　f, feなど

[f]	f[f]	f	⇒	food
	f[f]	f	⇒	fun
	f[f]	f	⇒	flower
	fe[f]	fe	⇒	life

ワンポイントアドバイス!
　上の歯と下唇をこすって、風が吹くように息を出します。

STEP ②　単語の練習

できたら☑ ▢

food （食べ物）

fun （楽しみ）

father （父）

free （暇な）

life （生活）

four （4）

fast （速い）

flower （花）

yourself （あなた自身）

enough （十分な）

foodボーイのアドバイス!
　foodやfunのようにfで始まり母音が続く場合、flowerやfreeのようにfの後に子音が続く場合があるよ〜。また、yourselfやroof（屋根）のように語尾がfの場合や、lifeやwifeのように語尾がfeの場合があるよ〜。例外的に、enoughやphotoのように、ghやphが[f]で発音される場合もあるよ〜。

STEP 3 短文の練習

できたら☑ □

I'd like Japanese food.　　(和食がいいです)
It was fun.　　　　　　　　(楽しかったよ)
Take care of yourself.　　(無理をしないように)
Are you free tomorrow?　　(明日は暇ですか)

文で発音するときのポイント!
Takeのk音は小さな[ッ]のようになり、後ろのcareにつながります。care of yourselfは3語つないで、[**ケ**アロヴョー**セ**ォフ]のように発音してみましょう。

STEP 4 会話の練習

できたら☑ □

A: What would you like to eat?　(何を食べたいですか)
B: I'd like Japanese food.　　　　(和食がいいです)

A: How was the party?　(パーティーはどうだった?)
B: It was fun.　　　　　　(楽しかったよ)

会話の発音ポイント!
What would youは3語つながって[ホ**ワ**ウォッヂュー]のように発音します。It wasはwasを軽く発音し、2語つないで[**イ**ロワズ]のように発音してみましょう。

レッスン 42

母音 [v]

veryのv [v] は 上の歯を下唇に乗せ [ヴッ]

TRACK 48

[v]の発音を学ぼう！

できたら☑ ☐

➡ 音のイメージは上の歯と下唇で「ヴッ」

口の形 上の歯に下唇を乗せる

息づかい 上の歯と下唇の間から強く外へ

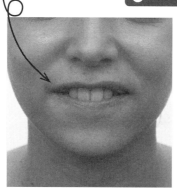

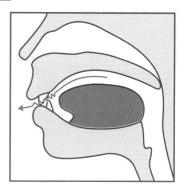

舌の位置 下に低く

先生の解説　口の形、舌の位置は [f] と同じです。上の歯を下唇に軽く乗せ、摩擦させながら息を勢いよく出します。[f] は息だけが出る無声音ですが、[v] は声が出る有声音です。

日本語のバ行の音（[b]）と混同しやすいので注意しましょう。バ行の音は両唇を合わせて発音（破裂音）し、歯と唇の摩擦は起こりません。例えば、veryのvをb音で発音するとberry（イチゴ類）に聞こえてしまいます。また、vote（投票する）と言いたいところがboat（ボート）となり、意味が伝わらないこともあります。

STEP 1 音の練習

できたら☑ □

[v]と読むつづり v, veなど

[v]	v[v]	v	⇒	very
	v[v]	v	⇒	vacation
	v[v]	v	⇒	every
	ve[v]	ve	⇒	live

ワンポイントアドバイス!
liveのように、語尾が[v]の場合は、息をほんの少しだけ出します。

STEP 2 単語の練習

できたら☑ □

very (とても)　　　　　vacation (休暇)

volume (ボリューム)　　vote (投票する)

violin (ヴァイオリン)　　over (〜の上を)

every (各々の)　　　　seven (7)

live (住む)　　　　　　believe (信じる)

veryボーイのアドバイス!
veryやvacationのようにvで始まる場合、overやeveryのようにvが母音の後ろに続く場合、また、liveやbelieveのように語尾にveが付く場合などがあるよ。語尾がveの場合、強く発音せず軽く[ヴ]のように息を出すだけだよ。

STEP 3 短文の練習

できたら☑ □

How was your summer vacation?
　　　　　　　（夏休みはどうだった?）
I play the violin every day.
　　　　　　　（ヴァイオリンを毎日弾いています）
I usually get up at seven.　（たいてい7時に起きます）
Where do you live?　　　　（どこにお住まいですか）

文で発音するときのポイント!

vacationは[バケーション]ではなく、[ヴェイ**ケ**イシュン]のように発音します。violinは後ろにアクセントを置き、[ヴァイァ**リン**]のように発音しましょう。get upは2語つながって[ゲ**ラ**ップ]のように聞こえます。

STEP 4 会話の練習

できたら☑ □

A: How was your summer vacation?
　　　　　　　　　（夏休みはどうだった?）
B: It was great!　　（とても楽しかったよ!）

A: Do you like music?　（音楽は好きですか）
B: Yes. I play the violin every day.
　　　　　　　（はい。ヴァイオリンを毎日弾いています）

会話の発音ポイント!

It wasは2語つながって[**イ**ロワズ]のように発音してみましょう。greatの語尾のt音は消えがちで聞こえないときもあります。summer vacation、play、violinなど、内容を表す単語を強く発音しましょう。

レッスン **43**

子音
[θ]

thankのth[θ]は
舌を上の歯と擦らせ「スッ」

[θ]の発音を学ぼう！

できたら☑ ☐

➡ 音のイメージは舌をすばやく引いて「スッ」

🔵 **口の形** 少し開ける

💬 **息づかい** 舌と上の歯の間から強く外へ

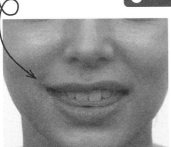

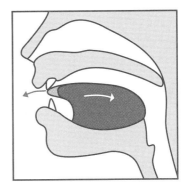

👅 **舌の位置** 舌先を上の歯に当て、擦らせる

📢 **先生の解説**　分かっているのになかなかできないというのがこの[θ]の発音です。日本語にない発音なので難しいのは当たり前です。でもちょっと工夫をするだけでできるようになりますよ。

まず、舌を上の歯の下に付けます。舌先が歯よりも少しだけ外側に出る感じです。発音するときに、舌を上の歯に擦らせながら口の中の方にすばやく移動させます。日本人には、一般的に日本語のサ行の音に聞こえがちなので、混同しないようにしましょう。

例えば、I think（私は思う）と言いたいところが、I sink.（私は沈む）と発音してしまいがちですので注意しましょう。

STEP 1 音の練習

できたら☑ ▢

[θ]と読むつづり　th

[θ]	th[θ]	th	⇒	thank
	Th[θ]	Th	⇒	Thursday
	th[θ]	th	⇒	math
	th[θ]	th	⇒	both

ワンポイントアドバイス!
語尾がthの場合は、舌先を上の歯に当てて摩擦させ、少しだけ息を出します。

STEP 2 単語の練習

できたら☑ ▢

thank (感謝する)　　　　think (思う)

thing (もの、こと)　　　third (3番目の)

Thursday (木曜日)　　　three (3)

throw (投げる)　　　　bathroom (洗面所[トイレ])

math (数学)　　　　　both (両方)

thankボーイのアドバイス!
[θ]で発音する場合、thinkやthingのように、thが語頭にくる単語がたくさんありますよ。sink、singと[s]で発音すると別の意味になってしまいます。threeやthrowのようにthの後ろがrのような子音の場合もありますよ。またbathやbothのようにthで終わる場合は、息はかすかにしか聞こえません。

STEP **3** 短文の練習 できたら☑ ☐

Thank you very much.　（どうもありがとうございます）

What do you think?　　（どう思いますか）

May I use the bathroom?

（お手洗いをお借りしてもいいですか）

I'm good at math.　　（数学が得意です）

文で発音するときのポイント!　What do youは3語つないで[ホ**ワ**ッドゥ
ユ]、または軽く滑らかに[**ワ**ルユ]のようになり、thinkを強く発音し、文末は
下げ調子になります。good atは2語つながって[**グ**ダッ(トゥ)]のように聞こ
えます。

STEP **4** 会話の練習 できたら☑ ☐

A: Thank you very much.　　（どうもありがとうございます）
B: You're welcome.　　（どういたしまして）

A: May I use the bathroom?

（お手洗いをお借りしてもいいですか）
B: Sure. Go ahead.　　（もちろんです。どうぞ）

会話の発音ポイント!　You're welcome.はYou'reは軽く短く、welcome
を強く、[ヨ**ウェ**ォカム]のように発音しましょう。Sure.は[シュアー]よりも
[**ショ**ァ]のように発音してみてください。Go ahead.のGoは[ゴー]では
なく[**ゴ**ウ]、aheadのd音はほとんど聞こえないときもあり、[**ゴ**ウア**ヘ**ッ]
のように発音します。

レッスン
44

子音
[ð]

thisのth[ð]は
舌を上の歯と擦らせ[ズッ]

TRACK
50

[ð]の発音を学ぼう!

できたら☑ □

➡ 音のイメージは舌をすばやく引いて「ズッ」

🫦 **口の形** 少し開ける

💨 **息づかい** 舌と上の歯ぐきの間から強く外へ

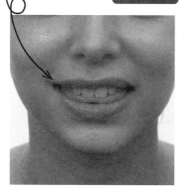

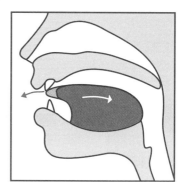

👅 **舌の位置** 舌先を上の歯に当て、擦らせる

先生の解説 口の形、舌の位置は[θ]と同じです。舌を上の歯の下に付け、舌先を歯よりも少しだけ外側に出します。[θ]と同様に、発音するときには舌を上の歯に擦らせながら口の中の方にすばやく移動させますが、[θ]が息だけが出る無声音であるのに対して、[ð]は声が出る有声音です。[θ]に濁点が付いたようなイメージです。

日本語のザ行の音（[z]）と混同しやすいので注意しましょう。thatを[ザット]、theyを[ゼイ]と発音しても、なかなか伝わりません。舌先を上の歯に当てることを心がけましょう。

STEP ① 音の練習

できたら☑ ▢

| [ð]と読むつづり | th |

[ð]	th[ð]	th	⇒	this
	th[ð]	th	⇒	they
	th[ð]	th	⇒	mother
	th[ð]	th	⇒	weather

ワンポイントアドバイス！
舌先を上の歯に当てて、風が吹くように摩擦させます。特にthisは[ディス]と[d]の音で置き換えがちになるので注意しましょう。

STEP ② 単語の練習

できたら☑ ▢

this （これ、この）　　that （あれ、あの）

the （その）　　they （彼[女]ら）

there （そこに）　　then （そのときに）

mother （母）　　brother （兄、弟）

together （一緒に）　　weather （天気）

thisボーイのアドバイス！
[ð]はthatやtheyのように、語頭にthがきて母音が続く場合があるよ♫motherやweatherのように語尾のtherの綴りは[ð]の発音になります♫また、smooth（円滑な）やbreathe（息をする）など、thやtheが語尾にくる場合もあります♫

LEVEL 1 基礎がため編
LEVEL 2 実力養成編
LEVEL 3 レベルアップ編
LEVEL 4 会話で実践編

STEP 3 短文の練習

できたら☑ ☐

My mother bought this hat for me?
（母が私にこの帽子を買ってくれました）

See you then. （またそのときに会いましょう）

It's my brother. （私の兄です）

I like this kind of weather. （このような天気が好きです）

文で発音するときのポイント!

boughtのt音は消えがちで、後ろのthisに
つながります。内容的に大切なmother、bought、hatを強く発音します。

STEP 4 会話の練習

できたら☑ ☐

A: Who's that? （あの人は誰ですか）

B: It's my brother. （私の兄です）

A: It's nice and warm today.
（今日は暖かくて気持ちがいいですね）

B: Yes. I like this kind of weather.
（そうですね。このような天気が好きです）

会話の発音ポイント!

nice andは2語つないで発音しましょう。andは軽く
発音し、語尾のd音は消えがちで、[**ナイサン**]のように聞こえます。kind of
は2語つないで[**カ**インダ(ヴ)]、または[**カ**イナ]のように軽く発音するとき
もあります。

発音学習コラム ⑥

どこを強く発音するの?

　日本語で「神奈川」は「カナガワ」の「ナ」を高く発音しますが、英語では[カナガワ]と、後ろから2番目の音節を強く発音します。英語は日本語と異なり、単語のどこかを強く発音します。

　日本語では「箸(はし)」は「は」を高く、「橋(はし)」は「し」を高く発音します。ところが、英語では、presentのpreを強く発音すると「贈り物、プレゼント」の意味で、sentを強く発音すると「提示する」という意味になります。日本語と英語は言語的特徴が異なり、日本語は高低で意味が異なり(pitch-accent language)、英語は強弱で意味を変化させます(intonation language)。

　他にも例を挙げると、recordはreを強く[レクドゥ]のように発音すると「記録」「レコード」という意味の名詞ですが、cordを強く[リコードゥ]と発音すると「記録する」という意味の動詞になります。produceも[プラデュース]は「生産する」という動詞、[プラデュース]と発音すると「農作物」という意味の名詞になります。

quizのqu [kw]は「ク」ではなく「ヮワ」

[kw]の発音を学ぼう!

できたら☑ ☐

➡ 音のイメージはアヒルが「ヮワ」「ヮワ」

●口の形 両唇を丸くとがらせる

息づかい 舌と上の歯ぐきのすき間から勢いよく

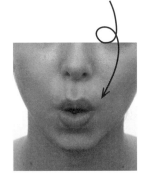

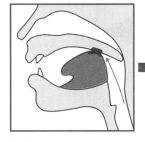
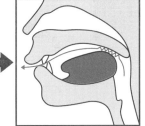

●舌の位置 上奥へ

先生の解説 英語にはquiz、quick、questionなどのように、quで始まる単語があります。これらの単語を発音する場合、綴りにはwは入っていませんが、k音の後ろにw音が発音されます。

例えば、日本語では、外来語で「クイズ」「クイック」「クエスチョン」と発音しがちですが、英語では[w]の音が入り、それぞれ、[ヮ**ウィ**ズ][ヮ**ウィ**ック][ヮ**ウェ**スチュン]のように発音します。wの音は、両唇を丸くとがらせるのがポイントです。必須の音[w] (レッスン40)を参照してください。

STEP ① 音の練習

できたら☑ ☐

[kw]と読むつづり | qu

[kw]	qui[kwi]	qui	⇒	quiz
	qui[kwi]	qui	⇒	quick
	que[kwe]	que	⇒	question

ワンポイントアドバイス！
両唇をとがらせて、[クウィ][クウェ]と発音します。

STEP ② 単語の練習

できたら☑ ☐

quiz （クイズ）　　quick （すばやい）　　queen （女王）

quiet （静かな）　　question （質問）　　square （正方形）

 **quizボーイのアドバイス！**
quickのquiは[ク**ウィ**]、questionのque
は[ク**ウェ**]、squareのquaは[ク**ウェ**]、quietのquiは[ク**ワ**]と発音するよ！

STEP ③ 短文の練習

できたら☑ ☐

I have a quick question. （ちょっと聞きたいことがあります）
He quit his job. （彼は仕事を辞めました）
We had a quiz today.（今日、小テストがありました）＊quiz＝小テスト

文で発音するときのポイント！
quickのckは[ク]と発音せず、小さな[ッ]
のようになり、後ろのquestionにつながり、[ク**ウィック**ウェスチュン]のよ
うに発音します。

highのh[h]は喉の奥から、whiteのwh[hw]は[ホ]と[ワ]を同時に[ホワ]

TRACK
52

[h/hw]の発音を学ぼう!

できたら☑ □

➡ 音のイメージは寒くて息を「ハーッ」

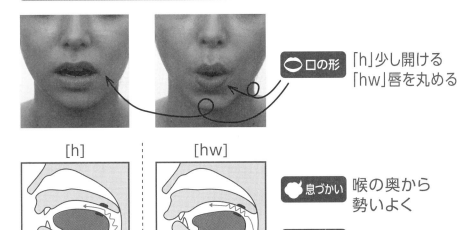

🥚 口の形　「h」少し開ける
　　　　　「hw」唇を丸める

[h]　　　　　　[hw]

💨 息づかい　喉の奥から
　　　　　　勢いよく

👅 舌の位置　上奥へ

先生の解説

英語の[h]は、日本語のハ行の音よりも息を喉の奥から強く出します。例えば、high（高い）は日本語の「肺(はい)」よりもh音を勢いよく[ハイ]のように出しましょう。また、英語にはhの前にwを付けてwhで始まる単語がありますが、これも[h]の音になるものがあります。例えば、who（誰）は唇をとがらせて[フー]と発音します。ただし、ろうそくの火を消すときのように口から風の音は立てず、喉の奥から息を吐きます。whで始まる語でも、[h]とは少し異なり、[hw]となるものがあります。例えば、whiteは[ホワイト]と発音してしまいがちですが、英語では[ホ]と[ワ]を分けずに、口をすぼめて[ホ**ワ**]とすばやく発音し、[ホ**ワ**イトゥ]のようになります。

STEP 1 音の練習　できたら☑ □

[h/hw]と読むつづり　h, wh

[h]	h[h]	h	⇒	high
	wh[h]	wh	⇒	who
[hw]	wh[hw]	wh	⇒	white

ワンポイントアドバイス! [h]は喉の奥から息を吐き、[hw]はすばやく[ｫワ]と発音しましょう。

STEP 2 単語の練習　できたら☑ □

[h]　▶ high (高い)　house (家)　who (誰)　whole (全体)

[hw]　▶ white (白)　when (いつ)

 highボーイのアドバイス! 基本的にはwhは[hw]の発音だけど、whoは[hu:]、wholeは[houl]のように[h]の発音になる場合もあるよ。

STEP 3 短文の練習　できたら☑ □

He was in a wheelchair.　（彼は車いすに乗っていました）

We went to see the White House.
（ホワイトハウスを見に行きました）

When are you going to Hawaii?（いつハワイに行くのですか）

文で発音するときのポイント! the White House（ホワイトハウス）はWhiteのほうを強く発音しましょう。the white houseと小文字で綴ると、単に「白い家」という意味になり、houseの方が強く発音されます。

子音 [tr]

trainのtr[tr]は
tとrを同時にすばやく

[tr]の発音を学ぼう!

できたら☑ ☐

➡ 音のイメージは「トゥル」と「チュル」の間

口の形 両唇を前に押し出す

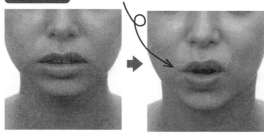

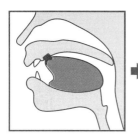

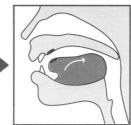

息づかい 強く勢いよく

舌の位置 上の歯ぐきに付けたあと、口の奥に引く

先生の解説 英語はtrやblのように子音が連続する場合があります。しかし、日本語は[ナニヌネノ(na·ni·nu·ne·no)]のように、基本的には子音と母音の連なりですので、例えばtrainのtrのような子音の連続があっても、[トレイン(to·re·i·n)]のように母音を付けて発音しがちです。

trはtとrの後ろに母音を付けず、またtとrを分けずに、同時にすばやく発音します。そのためtrainは[トゥレイン]と[チュレイン]の中間くらいに聞こえることもあります。

STEP 1 音の練習

できたら☑ ☐

[tr]と読むつづり　tr

[tr]	tr[tr]	tr	⇒ train
	tr[tr]	tr	⇒ try
	str[str]	str	⇒ street

ワンポイントアドバイス！
[t]と[r]を同時にすばやく発音します。

STEP 2 単語の練習

できたら☑ ☐

train（電車）　　　try（試す）　　　tree（木）

trouble（困難）　　country（国）　　street（通り）

 trainボーイのアドバイス！
trと綴る場合、trainやtrickのように語頭にくる場合と、countryやstreetのように語中にくる場合があるよ。

STEP 3 短文の練習

できたら☑ ☐

I take trains to go to work.（電車に乗って仕事に行きます）

Nice try!（惜しい!）

Go straight down this street.
（この通りをまっすぐ行ってください）

文で発音するときのポイント！
straightとstreetは、strの3音を同時にすばやく発音します。straightは[シュトゥレイトゥ]と聞こえるときもあります。straightの語尾のt音は小さな[ッ]のようになりdownにつながります。

LEVEL1 基礎がため編

LEVEL2 実力養成編

LEVEL3 レベルアップ編

LEVEL4 会話で実践編

drinkのdr [dr]は
dとrを同時にすばやく

TRACK
54

[dr]の発音を学ぼう!

できたら☑ □

➡ 音のイメージは「ドゥル」と「ジュル」の間

口の形 両唇を前に押し出す

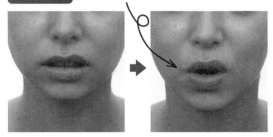

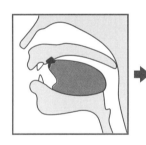
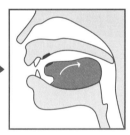

 息づかい 強く勢いよく

舌の位置 上の歯ぐきに
付けたあと、
口の奥に引く

先生の解説　基本的には、trの発音の仕方と同じ考え方です。dとrを分けずに、できるだけ同時にすばやく発音してみてください。

例えば、drinkは、日本語に外来語発音の[ドリンク]がありますので、どうしてもそれに引きずられることがあります。[do・ri・n・ku]とdの後ろに母音を入れないように注意しましょう。

drを滑らかに発音し、drinkは[ドゥリンク]と[ジュリンク]の中間くらいの音をイメージしてみてください。

レッスン 48　drinkのdr[dr]はdとrを同時にすばやく

STEP 1 音の練習

できたら☑ □

[dr]と読むつづり　dr

[dr]	dr[dr]	dr	⇒ drink
	dr[dr]	dr	⇒ dream
	dr[dr]	dr	⇒ drive

ワンポイントアドバイス!　[d]と[r]を同時にすばやく発音します。

STEP 2 単語の練習

できたら☑ □

drink (飲む)　　　dream (夢)　　　dry (乾かす)

drive (運転する)　hundred (100)　laundry (洗濯物)

 drinkボーイのアドバイス!　drinkやdryのように語頭にくる場合と、hundredやlaundryのように語中にくる場合があるよー!

STEP 3 短文の練習

できたら☑ □

Would you like something to drink?
(お飲み物はいかがですか)

My dream has come true. (夢が叶いました)

I need to do the laundry tomorrow.
(明日、洗濯をしなければなりません)

文で発音するときのポイント!　Would youはつないで発音しましょう。somethingの語尾のgは[グ]とは発音せず、鼻から軽く空気を抜きます。

外来語の発音には要注意!

　レッスン45で練習した外来語の「クイズ(quiz)」「クイック(quick)」「クエスチョン(question)」。綴りにwが含まれていないのに、英語の発音には[w]が入るという意外な落とし穴。ご理解いただけましたでしょうか。quで綴る単語以外にも、例えば、language(言語)、penguin(ペンギン)、persuade(説得する)など、それぞれ[**ラ**ング**ウィ**ヂ][**ペ**ング**ウィ**ン][パース**ウェ**イドゥ]のように[w]の音が発音されるものがあります。

　それとは逆に、綴りにwが入っているのに、[w]を発音しないという単語もあります。例えば、two(2)、answer(答え)、awesome(素晴らしい)などは、それぞれ[**トゥ**ー][**ア**ンサー][**オ**ーサム]のようにwを発音しません。

　このように、綴りにあるのに発音しない文字をsilent letter(サイレントレター、黙字)と言います。例えば、island(島)、aisle(通路)など、綴りにsが入っているのに[s]を発音しないという単語があります。hour(時間)やhonest(正直な)は[h]を発音しませんし、doubt(疑う)やlamb(子羊)は[b]を発音しません。よく考えると、日本語も「ありがとう」と言うときは、「ありがとー」と伸ばすだけで、最後の「う」は発音しませんね。「きっと」の「っ」(促音)も音がないことでは共通しています。綴るけれども発音しない。これは他の言語にも共通している発音の特徴なのです。

LEVEL4 会話で実践編
シーン1~10

身につけた英語の音を、
会話の中でも発音できるように練習しましょう。

今まで学んだ48の英語の音のうち、
必須の30音が登場します。

シーン 1 初対面のあいさつ

イラストでまずはイメージをつかもう!

It's a pleasure to meet you. I'm Kei.

はじめまして。ケイです。

The pleasure is all mine, Kei. I'm Chris.

こちらこそ、はじめまして、ケイさん。クリスです。

3つの音のおさらい

できたら☑ □

① [i] It's / is / Chris：少し[エ]に近い[イ]

② [ʒ] pleasure：舌を上の歯ぐきに付けずに[ジ]

③ [m] meet / I'm / mine：口をしっかり閉じて[ム]

会話で実践

できたら☑ □

😊① It's a pleasure to meet you. I'm Kei.
はじめまして。ケイです。

😊 The pleasure is all mine, Kei. I'm Chris.
こちらこそ、はじめまして、ケイさん。クリスです。

😊 Do you work here in Tokyo?
ここ東京でお勤めですか。

😊 Yes. I teach English at a middle school.
はい。中学校で英語を教えています。

フレーズの練習

できたら☑ □

フレーズ① It's a pleasure to 〜.
解説! It'sはつながって［イッツァ］のように聞こえます。pleasureを強く発音しましょう。

フレーズ② meet you
解説! meet youはつながって［ミーチュー］のように発音しましょう。meetを強く発音しましょう。

フレーズ③ The pleasure is all mine.
解説! is allはつながって［イゾーォ］のように発音します。pleasureとmineを強く発音します。

STEP UP! schoolは外来語の［スクール］という発音になりがちですが、英語の［uː］は日本語よりも口をとがらせて［スクォォ］のように発音しましょう。

157

シーン2 道を教える

イラストでまずはイメージをつかもう!

> Excuse me.
> Do you know where the subway station is?
>
> すみません。地下鉄の駅はどこかご存知ですか。

> Go straight and turn right.
>
> まっすぐ行って右に曲がってください。

 3つの音のおさらい できたら☑ ☐

① [k] excuse：舌の付け根を口の奥の柔らかい歯ぐきに付けて［カ］

② [n] know / station / and / turn：舌先を上の歯ぐきに付けて［ナ］

③ [ʌ] subway：口を中くらいに開いて［ア］

会話で実践

できたら☑ □

（😮）Excuse me. Do you know where the subway station is?　すみません。地下鉄の駅はどこかご存知ですか。

（🙂）Go straight and turn right.
まっすぐ行って右に曲がってください。

（😮）Thank you very much.
どうもありがとうございます。

（🙂）Don't mention it.
どういたしまして。

フレーズの練習

できたら☑ □

フレーズ① Excuse me.

解説! excuseのxは[ks]と子音が連続します。[kusu（ク・ス）]とkとsの後ろに母音を入れないようにしましょう。

フレーズ② subway station

解説! subway stationのように名詞が連続する場合は、最初の名詞を強く[**サ**ブウェイス**テ**イシュン]のように発音します。

フレーズ③ Don't mention it.

解説! Don'tとitのt音はほとんど消えて、3語つながり[**ド**ウンメンシュニッ]のように聞こえます。

STEP UP! whereは[h]と[w]をすばやくつないで[ホ**エ**ァ]、stationは二重母音の[ei]の音で[ス**テ**イシュン]のように発音しましょう。

シーン 3 買い物を楽しむ

イラストでまずはイメージをつかもう！

> ### Do you have this in another color?
> これの色違いはありますか。

BLUE PURPLE

> ### We have that in blue and purple.
> 青と紫がありますよ。

 3つの音のおさらい

できたら☑

① [d] do：舌先を上の歯の付け根あたりに付けて[ダ]

② [b] blue：両唇を閉じて[ブ]

③ [p] purple：両唇を閉じて[プ]

会話で実践

できたら☑ □

① Do you have this in another color?

これの色違いはありますか。

We have that in blue and purple.

青と紫がありますよ。

Can I try on the purple one?

紫のを試着してもいいですか。

All right.

いいですよ。

フレーズの練習

できたら☑ □

フレーズ① Do you have this in another color?

解説! inとanotherはつながって［イ**ナ**ダー］のように聞こえます。

フレーズ② We have that in blue.

解説! thatを強く発音します。that inは［ダ**リ**ン］のように聞こえます。

フレーズ③ blue and purple

解説! blueとpurpleを強く発音します。andのd音はほとんど消えてしまい、purpleにつながります。

STEP UP! tryのtrは2音同時にすばやく発音しましょう。外来語発音の［トライ］ではなく、［トゥ**ラ**イ］と［チュ**ラ**イ］の間くらいで発音してみましょう。All right.は2語つながって［**オ**ーライ］のように聞こえます。

161

シーン 4 写真を撮ってもらう

イラストでまずはイメージをつかもう!

Would you mind taking our picture?

写真を撮ってもらえませんか。

Not at all.

もちろんです。

 3つの音のおさらい　　できたら☑ □

① [u] would：唇を丸めて短く[ウ]（wouldはwの音が前にあるので注意!）

② [ŋ] taking：舌を上の歯ぐきに付けず鼻から息を出して[ン]

③ [ɑ] not：口の中を広くして、口を大きく開けて[ア]

会話で実践

できたら☑ ☐

👦 Would you mind taking our picture?
①   ②
写真を撮ってもらえませんか。

👨 Not at all.
③
もちろんです。

👦 We want the mountain behind us.
     ③
山をバックに入れてください。

👨 OK. Say cheese!
分かりました。はい、チーズ!

フレーズの練習

できたら☑ ☐

フレーズ① Would you mind ~?
(〜することを気にしますか → 〜してもらえませんか)
解説! Would youは2語つないで[ウォッジュー]のように発音しましょう。

フレーズ② mind taking
解説! mindのd音は消えがちでtakingにつながり[**マ**イン**テ**イキン]のように発音します。

フレーズ③ Not at all. (全然気にしませんよ → してあげますよ)
解説! 3語つないで[**ナ**ーラ**ロ**ォ]のように聞こえます。

> **STEP UP!**
> mind、my、behindは[ai]、mountainは[au]、OKのOは
> [ou]、taking、say、OKのKは[ei]の二重母音になっています。二重母音は最
> 初の母音を強く、後ろの母音を弱く、2音すばやくつないで発音しましょう。

シーン 5 レストランで注文する

イラストでまずはイメージをつかもう!

Are you ready to order?
ご注文はよろしいでしょうか。

Yes. I'd like to have the fillet steak.
はい。ヒレステーキをお願いします。

 ●● 3つの音のおさらい

できたら☑ ☐

① [e] ready / yes：口を少し横に開いて軽く[エ]

② [f] fillet：上の歯を下唇に軽く乗せて[フ]

③ [s] steak：上の歯と舌の間から風を風が吹くように[ス]

会話で実践

できたら☑ ▢

Are you r̲e̲ady to order?
①
ご注文はよろしいでしょうか。

Yes. I'd like to have the̲ fillet̲ steak.
①　　　　　　　　②　　③
はい。ヒレステーキをお願いします。

Certainly. Would you like̲ anything to drink?
③　　　　　　　　　　①
かしこまりました。何かお飲み物はいかがですか。

I'd like to have a cup of cof̲fee af̲ter the meal.
②　　　②
食後にコーヒーを1杯お願いします。

フレーズの練習

できたら☑ ▢

フレーズ① Are you ready to 〜?
解説! ready（用意ができている）を強く発音します。

フレーズ② fillet steak
解説! 「ヒレ」は英語ではfilletです。h音ではなくf音なのでご注意ください。

フレーズ③ a cup of coffee
解説! cup of は2語つないで[**カ**パヴ]のように発音します。

> STEP UP! are[ɑːr]とorderのor[ɔːr]は、いずれも母音の後にr音が続きます。母音の直後に舌を口の奥に引きましょう。drinkは外来語発音の[ド・リ・ン・ク]にならないようにしましょう。drは2音すばやく[ドゥリンク]と[ジュリンク]の間くらいで発音しましょう。

シーン 6　ホテルをチェックアウトする TRACK 60

┃イラストでまずはイメージをつかもう!

I'd like to check out, please.

チェックアウトお願いします。

OK. Here's your receipt.

かしこまりました。レシートでございます。

思い出そう!　**3つの音のおさらい**　　　できたら☑ ▢

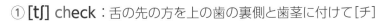

① **[tʃ]** check：舌の先の方を上の歯の裏側と歯茎に付けて[チ]

② **[z]** please / here's：舌を上の歯茎に付けずに[ズ]

③ **[r]** receipt：唇を丸めて舌を上の歯茎に付けずに奥に引く

会話で実践

できたら☑ ☐

I'd like to check out, please.
①　　　　②
チェックアウトお願いします。

OK. Here's your receipt.
　②　　　③
かしこまりました。レシートでございます。

Thank you. I really enjoyed my stay.
　　　　③
どうも。滞在楽しかったです。

We hope to see you again soon.
またすぐにおいでいただけることを願っております。

フレーズの練習

できたら☑ ☐

フレーズ① check out
解説! 2語つないで[チェッ**カ**ウ(トゥ)]のように発音しましょう。

フレーズ② Here's your 〜.
解説! 2語つないで[**ヒ**アジョァ]のように発音しましょう。

フレーズ③ I really enjoyed my stay.
解説! really、enjoyed、stayを強く発音しましょう。

> **STEP UP!**　outは[ア・ウ・ト]と音を分けずに、二重母音の[au]を使い、[ア]を強く[ウ]を弱く同時に[**ア**ウトゥ]のように発音します。seeは[シー]ではなく[**ス**ィー]のように発音しましょう。soonのooは日本語の[ウー]よりも唇を丸めます。

LEVEL1 基礎がため編　LEVEL2 実力養成編　LEVEL3 レベルアップ編　LEVEL4 会話で実践編

会社を訪問する

イラストでまずはイメージをつかもう!

May I help you?
どういうご用件でしょうか。

Yes. I have an appointment to see Mr. Hall at eleven.
はい。11時にホールさんとお会いする約束をしています。

思い出そう! 3つの音のおさらい

できたら☑ □

① [æ] have / an / at：口を横に広げて[ア]と[エ]の中間音

② [ə] appointment：口を少しだけ開いて、軽く[ア]

③ [v] have / eleven：上の歯を下唇に軽く載せて摩擦させながら[ヴ]

会話で実践

できたら☑ ▢

(◉) May I help you?
どういうご用件でしょうか。

(◉) Yes. I have an appointment to see
Mr. Hall at eleven.
はい。11時にホールさんとお会いする約束をしています。

(◉) Just a minute, please. He'll be right with you.
少々お待ちください。ホールはすぐに参ります。

(◉) Thank you.
ありがとうございます。

フレーズの練習

できたら☑ ▢

フレーズ① have an appointment
解説! 3語つないで[**ハ**ヴァナ**ポ**イン (トゥ) マントゥ]のように発音しましょう。

フレーズ② at eleven
解説! atを弱く、elevenを強く発音します。

フレーズ③ just a minute
解説! justとaは2語つないで[**ジャ**スタ]のように発音しましょう。

STEP UP! helpのlは[ル]ではなく軽く[ォ]のように発音し、[**ヘ**ォプ]のように聞こえます。help youはつないで[**ヘ**ォピュー]のように発音しましょう。

シーン 8 同僚と会話をする

イラストでまずはイメージをつかもう!

You look so tired.
とても疲れて見えますよ。

I worked overtime yesterday.
昨日残業でした。

 3つの音のおさらい

できたら☑ □

① [l] look：舌先を上の前歯の裏側に付けて[ル]

② [w] worked：唇を丸めて口をとがらせて[ウァ]

③ [j] yesterday：[イ]と[エ]を同時にすばやく[イェ]

会話で実践

できたら☑ ☐

You look so tired.
③ ①
とても疲れて見えますよ。

I worked overtime yesterday.
 ②   ③
昨日残業でした。

Why don't you take a break?
          ③
休憩したらどうですか。

Maybe I should.
多分そうしたほうがいいですね。

フレーズの練習

できたら☑ ☐

フレーズ① look so tired

解説! 疲れていることが重要な情報なので、tiredを強く発音します。

フレーズ② worked overtime yesterday

解説! overtimeを強く発音します。語頭のo([**オウ**])にアクセントがあります。

フレーズ③ worked

解説! workの過去形workedのedはtの発音と同じです。

> **STEP UP!** workのorはあまり口を大きく開かず[ワー][əːr]と発音しましょう。overtimeとdon'tのo音は、[ou]で、[**オウ**ヴァタイム][**ド**ウン(トゥ)]のように発音します。take aは[**テイ**カ]のように2語つないで発音しましょう。

シーン 9 電話をする

 TRACK 63

イラストでまずはイメージをつかもう!

May I speak to Ms. Taylor?
テイラーさんはいらっしゃいますか。

She's on leave today.
Can I take a message?
今日は休暇を取っております。ご伝言をおあずかりしましょうか。

思い出そう!

3つの音のおさらい

できたら☑ □

① [t]	Taylor / today / take	舌先を上の歯の付け根あたりに付けて [テ]
② [ʃ]	she	「静かに」と人差し指を口の前に立てて [シー]
③ [dʒ]	message	舌の中ほどを上の歯ぐきに付けて [ヂ]

会話で実践

できたら☑ ☐

May I speak to Ms. Taylor?
テイラーさんはいらっしゃいますか。

She's on leave today. Can I take a message?
今日は休暇を取っております。ご伝言をおあずかりしましょうか。

Could you just ask her to call me back?
電話をかけなおしてもらえるようにお伝えください。

Certainly.
かしこまりました。

フレーズの練習

できたら☑ ☐

フレーズ① she's on leave

解説! she's onは［**シーゾン**］と発音します。leaveを強く発音します。

フレーズ② can I take

解説! can Iは［**キャナイ**］と発音します。takeのtは息を強く出します。

フレーズ③ take a message

解説! take aはつながって［**テイカ**］のように、messageは［**メッスィヂ**］のように発音しましょう。

STEP UP! callのaは［オー］と［アー］の間のような音［ɔ:］です。callは［コール］ではなく［**コーォ**］のように発音します。todayのdayはmayやtakeと同じ二重母音で［トゥデー］と伸ばさず［**トゥデイ**］と発音しましょう。

業務を進める

イラストでまずはイメージをつかもう!

I've been working on this report for three weeks.

この報告書に3週間も取り組んでいるよ。

3 week...

How soon do you need to get it done?

どのくらい早くやってしまわないといけないのですか。

思い出そう! **3つの音のおさらい**

できたら☑ ☐

① [ð] this：上の歯を舌に乗せ、舌と歯を擦らせ[ズ]

② [θ] three：上の歯を舌に乗せ、舌と歯を擦らせ[ス]

③ [g] get：日本語のガ行の音よりも、息を強く出して[グ]

会話で実践

できたら☑ □

I've been working on this report for three weeks.
この報告書に3週間も取り組んでいるよ。

How soon do you need to get it done?
どのくらい早くやってしまわないといけないのですか。

Actually it's due tomorrow.
実は明日が締切なんですよ。

Any way I can help?
何か手伝えることがありますか。

フレーズの練習

できたら☑ □

フレーズ① this report
解説! reportを強く発音し、reportはporにアクセントがあります。

フレーズ② three weeks
解説! threeもweeksも大事な情報なので、両方を強く発音します。

フレーズ③ get it done
解説! getとitをつないで[**ゲリッ**]のように発音しましょう。itのt音は消えがちです。

STEP UP! three、weeks、needのeeは、日本語の[イ]を伸ばすだけではありません。口を横に開き笑顔を作って、鋭く[イー]([i:])と発音しましょう。beenのeeは[ビン]([i])と短い音です。

つながる音と消える音も、 発音の大事なポイントです

　海外からは、いろんな商品が日本に入ってきますね。そのままの名称で輸入されることが多いようですが、例えば、チョコレートの「キットカット (KitKat)」。「キットカット」とローマ字読みで流通していますが、この発音では英語圏の人たちには全く通じません！英語では[**キッキャッ**]のように発音します。KitKatの両方のt音が小さな[ッ]のようになり、聞こえなくなってしまいます。

　同じチョコレートの「エムアンドエム(m&m's)」はどうでしょうか。これもこのままの外来語発音では、何を言っているのかさっぱり分からないという顔をされてしまいます。英語では全部つないで滑らかに[**エメネムズ**]のように発音してみてください。

　私がアメリカから帰国したときに、みんなが「コストコ」と言っているのが何のことか、最初は全く分かりませんでした。なぜかと言うと、Costcoは英語では[**カ**スコウ]のように発音するからです。この例も、costのt音が消えてしまう現象です。

巻末付録

LEVEL1〜3各レッスンの「音の練習」・「単語の練習」・「短文の練習」・「会話の練習」
と、LEVEL4の「3つの音のおさらい」「会話で実践」の英文を掲載しています。音声と
一緒に発音の練習にご活用ください。

LEVEL1　必須の10音

レッスン1

STEP1 [ʌ]　u　u　⇒under　　co　co　⇒color
　　　　　hu　hu　⇒hungry　　tou　tou　⇒touch

STEP2 hungry　Sunday　but　　fun　　cup
　　　 under　 uncle　 come　 color　 mother

STEP3 I'm hungry.　　　　　　　　I'd like a cup of coffee.
　　　 I don't go to work on Sunday.　Please come on in.

STEP4 A: I'm hungry.
　　　 B: Let's go eat lunch.

　　　 A: I won a free ticket!
　　　 B: Lucky you!

レッスン2

STEP1 [e]　e　e　⇒egg　　e　e　⇒end
　　　　　brea　brea　⇒bread　　frie　frie　⇒friend

STEP2 get　　exit　　end　　egg　　bread
　　　 friend　breakfast　weather　again　guess

STEP3 Get some sleep.　　　　　　　Where is the exit?
　　　 What did you have for breakfast?　The weather was nice yesterday.

STEP4 A: Where is the exit?
　　　 B: It's at the end of the hall.

　　　 A: What did you have for breakfast?
　　　 B: I had ham and eggs.

レッスン3

STEP1 [i]　i　i　⇒in　　E　E　⇒English
　　　　　bi　bi　⇒big　　bu　bu　⇒busy

STEP2 in　　English　big　　pink　　minute
　　　 him　build　　busy　enough　orange

This jacket is too big for me.   Can I try on the pink one?
Just a minute, please.   Let's give him a big hand.

STEP4   A: This jacket is too big for me.
      B: Would you like to try another one?

      A: May I speak to Jim?
      B: Just a minute, please.

レッスン 4

STEP1   [u]   pu   pu   ⇒ put   pu   pu   ⇒ push
             boo   boo   ⇒ book   shou   shou   ⇒ should

STEP2   put   push   sugar   book   good
        look   cook   took   should   stood

STEP3   Put it down.   How much is this book on cooking?
        I'm looking for a jacket.   I took many pictures.

STEP4   A: Where should I put these books?
      B: You can put them on the table.

      A: May I help you?
      B: Yes. I'm looking for a jacket.

レッスン 5

STEP1   [p]   p   p   ⇒ push   p   p   ⇒ pay
             pp   pp   ⇒ happy   p   p   ⇒ ship

STEP2   push   pay   paint   people   pencil
        happy   apple   up   ship   jump

STEP3   Push the button.   Can I pay by credit card?
        I always get up at six.   We took a ship.

STEP4   A: Can I pay by credit card?
      B: I'm sorry. We only accept cash.

      A: How did you go to the island?
      B: We took a ship.

レッスン 6

STEP1   [b]   b   b   ⇒ best   b   b   ⇒ buy
             bb   bb   ⇒ rabbit   b   b   ⇒ job

STEP2   best   buy   beautiful   bank   boy
        baby   rabbit   trouble   job   club

STEP3   I'll do my best.   What did you buy?
        I got a new job.   I belong to the soccer club.

STEP4 A: Good luck!
B: I'll do my best.

A: I got a new job.
B: Congratulations!

レッスン7

STEP1 [k]   k   k   ⇒ key   c   c   ⇒ cook
       ke   ke   ⇒ like   ck   ck   ⇒ back

STEP2 key   kick   cake   cook   clean
school   act   ask   like   back

STEP3 Do you have the key?   I cook every day.
Would you like some cake?   I'll be right back.

STEP4 A: Do you have the key?
B: Yes. Here you are.

A: Would you like some cake?
B: No, thank you.

レッスン8

STEP1 [g]   g   g   ⇒ good   g   g   ⇒ glad
       g   g   ⇒ finger   g   g   ⇒ bag

STEP2 good   guess   goal   gate   game
glad   finger   longer   bag   dog

STEP3 I'm good.   I guess so.
I always carry a big bag.   The days are getting longer.

STEP4 A: How are you?
B: I'm good.

A: Are you going to meet him today?
B: Yeah, I guess so.

レッスン9

STEP1 [t]   t   t   ⇒ tennis   t   t   ⇒ take
       t   t   ⇒ stay   t   t   ⇒ meet

STEP2 tennis   take   tea   time   ticket
table   stay   stand   meet   late

STEP3 Let's play tennis.   I'll take it.
Where shall we meet?   I'm sorry I'm late.

STEP4 A: Let's play tennis.   A: I'm sorry I'm late.
B: Sounds great!   B: Don't worry.

STEP1　[d]　　d　　d　　⇒ doctor　　　　　　d　　d　　⇒ dance
　　　　　　　　d　　d　　⇒ body　　　　　　　d　　d　　⇒ hand

STEP2　doctor　　　　dance　　　　dinner　　　day　　　　　body
　　　　candle　　　　kind　　　　side　　　　　hand　　　　bad

STEP3　You should go to see a doctor.　　She's good at dancing.
　　　　Can you give me a hand?　　　　　That's too bad.

STEP4　A:　I have a cold.　　　　　　　　A:　Can you give me a hand?
　　　　B:　You should go to see a doctor.　B:　Sure. What can I do for you?

LEVEL 1　　ステップアップの8音

STEP1　[iː]　　ea　　ea　　⇒ eat　　　　　　　chee　　chee　　⇒ cheese
　　　　　　　e　　　e　　⇒ evening

STEP2　eat　　　　　speak　　　　cheese　　　meet　　　　people　　　evening

STEP3　Say cheese!　　　　　　　　　Let's eat!
　　　　Do you speak Japanese?

STEP1　[uː]　　coo　　coo　　⇒ cool　　　　　sou　　sou　　⇒ soup
　　　　　　　lo　　　lo　　⇒ lose

STEP2　cool　　　　room　　　　blue　　　　soup　　　　lose　　　　cute

STEP3　This room is cool.　　　　　　　　I'd like to have soup.
　　　　Don't lose it.

STEP1　[ɔː]　　a　　　a　　⇒ walk　　　　　Au　　Au　　⇒ August
　　　　　　　awe　　awe　⇒ awesome

STEP2　all　　　awesome　　　walk　　　saw　　　August　　　bought

STEP3　I walk to school every day.　　　I saw him just now.
　　　　I bought a gift for my daughter.

STEP1　[ou]　　ho　　ho　　⇒ home　　　　coa　　coa　　⇒ coat
　　　　　　　low　　low　　⇒ slow

STEP2　home　　　coat　　　　only　　　hotel　　　stone　　　snow

STEP3 Let's go home.　　　　　　　　That's a nice coat.
I stayed at a hotel yesterday.

レッスン15

STEP1 [ei]　ca　ca　⇒cake　　　　　ta　ta　⇒table
　　　　A　A　⇒April

STEP2 cake　　date　　table　　say　　grape　　game

STEP3 What kind of cake do you like?　I went on a date with Jane.
Put it on the table.

レッスン16

STEP1 [ai]　i　i　⇒ice　　　　　li　li　⇒like
　　　　ki　ki　⇒kind

STEP2 eye　　ice　　like　　kind　　night　　buy

STEP3 Would you like some ice cream?　Please wait in line.
I sometimes study at the library.

レッスン17

STEP1 [au]　ou　ou　⇒out　　　　　dow　dow　⇒down
　　　　po　po　⇒power

STEP2 out　　about　　down　　now　　mouse　　power

STEP3 I'll find out about it.　　　Slow down a little bit.
He gave me beautiful flowers.

レッスン18

STEP1 [ɔi]　oy　oy　⇒boy　　　　　oi　oi　⇒oil
　　　　oi　oi　⇒point

STEP2 boy　　toy　　point　　oil　　enjoy　　noise

STEP3 Put away your toys.　　　Oil prices keep rising.
Did you enjoy the party?

LEVEL 2　必須の10音

レッスン19

STEP1 [æ]　a　a　⇒apple　　　　a　a　⇒answer
　　　　ha　ha　⇒happy　　　ba　ba　⇒bag

STEP2 apple　　answer　　ask　　passport　　happy
bad　　Japan　　Africa　　bag　　Saturday

I'm so happy.   That's too bad.
See you on Saturday.   May I see your passport?

A: I'm so happy for you.   A: May I see your passport?
B: Thank you.   B: Here you are.

レッスン 20

[ɑ]

| o | o | ⇒ on | ho | ho | ⇒ hot |
| bo | bo | ⇒ box | co | co | ⇒ college |

| on | opera | hot | got | lock |
| box | hospital | college | knowledge | economy |

It's so hot today.   I got it.
Lock the door.   I had a lot of fun.

A: It's so hot today.
B: Let's get something cold to drink.

A: Did you get it?
B: Yes. I got it.

レッスン 21

[ə]

| a | a | ⇒ about | to | to | ⇒ today |
| co | co | ⇒ computer | tio | tio | ⇒ station |

| about | around | agree | alone | today |
| computer | second | famous | station | condition |

Don't worry about it.   I agree with you.
Just a second.   Let's meet at the station.

A: I'm sorry.   A: Let's meet at the station.
B: Don't worry about it.   B: Sounds good.

レッスン 22

[s]

| s | s | ⇒ subject | s | s | ⇒ send |
| s | s | ⇒ bus | ce | ce | ⇒ nice |

| subject | send | summer | soap | science |
| strong | lesson | last | bus | nice |

What subjects do you like?   Please send me an email.
I take a bus to go to work.   It looks nice on you.

A: What subjects do you like?
B: I like science and social studies.

A: What do you think?
B: It looks nice on you.

レッスン 23

| STEP1 | [z] | z | z | ⇒ zoo | s | s | ⇒ designer |
| | | se | se | ⇒ noise | se | se | ⇒ lose |

| STEP2 | zoo | zero | zebra | designer | dessert |
| | houses | plays | lose | noise | close |

STEP3 Why did you go to the zoo?   She is a famous designer.
That noise really bothers me.   Don't lose your money.

STEP4 A: Why did you go to the zoo?
B: Because my cousin wanted to see pandas.

A: When did he lose his sunglasses?
B: Two days ago.

レッスン 24

| STEP1 | [m] | M | M | ⇒ Monday | m | m | ⇒ many |
| | | m | m | ⇒ problem | me | me | ⇒ come |

| STEP2 | Monday | many | meet | make | member |
| | camp | him | problem | same | come |

STEP3 We're going to have a meeting next Monday?   How many did you buy?
Please come with me.   No problem.

STEP4 A: When are we going to have a meeting?
B: Next Monday.

A: Thank you very much.
B: No problem.

レッスン 25

| STEP1 | [n] | n | n | ⇒ now | n | n | ⇒ name |
| | | n | n | ⇒ again | n | n | ⇒ downtown |

| STEP2 | now | name | number | night | know |
| | noon | money | plan | again | downtown |

STEP3 What time is it now?   What's your name?
Not again!   I need to go downtown.

STEP4 A: What time is it now?
B: It's seven fifteen.

A: Another typhoon is coming.
B: Not again!

STEP1　[ng]　　ng　ng　⇒morning　　　　ng　　ng　⇒song
　　　　　　　　ng　ng　⇒long　　　　　　ngue　ngue　⇒tongue

STEP2　morning　　song　　　long　　　young　　　reading
　　　　wing　　　anchor　　tongue　　uncle　　　ink

STEP3　Good morning.　　　　　　　I love this song.
　　　　Her hair is very long.　　　I burned my tongue.

STEP4　A: Good morning!　　　　　　　　　A: I love this song.
　　　　B: Good morning! How's everything?　B: Let's sing it together.

STEP1　[l]　　l　l　⇒lunch　　　l　l　⇒listen
　　　　　　　l　l　⇒late　　　bl　bl　⇒blue

STEP2　lunch　　listen　　light　　lead　　love
　　　　late　　glad　　　play　　blue　　lately

STEP3　I like blue and yellow.　　　Let's go for a light lunch.
　　　　I can play the flute.　　　　I'm glad to hear it.

STEP4　A: What color do you like?　　A: Are you hungry?
　　　　B: I like blue and yellow.　　B: Yes. Let's go for a light lunch.

STEP1　[r]　　r　r　⇒rain　　　r　r　⇒run
　　　　　　　Fr　Fr　⇒Friday　　br　br　⇒bridge

STEP2　rain　　red　　　right　　wrong　　run
　　　　ready　brown　　Friday　cry　　　bridge

STEP3　It will rain tomorrow.　　　Are you ready?
　　　　What's wrong?　　　　　We crossed the bridge.

STEP4　A: It will rain tomorrow.　　A: What's wrong?
　　　　B: Oh, not again.　　　　B: I'm worried about the test.

LEVEL 2　ステップアップの6音

STEP1　[ɑ:r]　par　par　⇒park　　dar　dar　⇒dark
　　　　　　　hear　hear　⇒heart

STEP2　park　　hard　　dark　　star　　heart　　guard

STEP3　It's getting dark.　　　　It rained so hard yesterday.
　　　　We went to an amusement park.

レッスン 30

STEP1 [ɔːr]　ore　ore　⇒ more　　　　　　por　por　⇒ pork
　　　　　　war　war　⇒ warm

STEP2 more　　　store　　　　pork　　　door　　　　pour　　　　warm

STEP3 Would you like some more coffee?
She went shopping at a department store.
This room is nice and warm.

レッスン 31

STEP1 [əːr]　tur　tur　⇒ turn　　　　　　wor　wor　⇒ work
　　　　　bir　bir　⇒ bird

STEP2 turn　　　birthday　　　work　　　bird　　　　service　　　first

STEP3 Turn left at the park.　　　　　　　Happy birthday!
work for a bank.

レッスン 32

STEP1 [si]　si　si　⇒ sit　　　　　　ci　ci　⇒ city
[siː]　sea　sea　⇒ seat

STEP2 [si]　sit　　　　six　　　　city
[siː]　seat　　　season　　　see

STEP3 [si]　Please sit down.　　　San Francisco is a beautiful city.
[siː]　Which season do you like the best?

レッスン 33

STEP1 [zi]　zi　zi　⇒ zip　　　　　　si　si　⇒ position
[ziː]　zi　zi　⇒ magazine

STEP2 [zi]　zip　　　　zigzag　　　position
[ziː]　zebra　　　magazine　　　busy

STEP3 [zi]　What's your position in the company?
[ziː]　I like to read sports magazines.　　I'm so busy today.

レッスン 34

STEP1 [l]　hel　hel　⇒ help　　　　　　ool　ool　⇒ school
　　　ple　ple　⇒ apple

STEP2 help　　　milk　　　school　　　hospital　　　sale　　　apple

STEP3 Can I help you?　　　　　　　It's on sale now.
I go to school by bicycle.

レッスン 35

STEP1 [tʃ]   ch   ch   ⇒ chocolate   ch   ch   ⇒ change
              ch   ch   ⇒ lunch   ch   ch   ⇒ each

STEP2 chocolate   change   chicken   choose   kitchen
       teacher   church   beach   lunch   each

STEP3 Can I have the chocolate chip cookies?   I changed my mind.
       What did you have for lunch?   We help each other.

STEP4 A: Can I have the chocolate chip cookies?
       B: Help yourself.
       A: What did you have for lunch?
       B: I had some fried chicken.

レッスン 36

STEP1 [dʒ]   j   j   ⇒ jacket   j   j   ⇒ juice
               ge   ge   ⇒ page   dge dge ⇒ bridge

STEP2 jacket   juice   joke   job   jump
       gentle   engine   adjust   page   bridge

STEP3 The jacket looks nice on you.   Can I have an apple juice, please?
       Open your books to page 11.   The bridge was damaged.

STEP4 A: The jacket looks nice on you.
       B: Thank you. It was made in Japan.
       A: It was a terrible typhoon.
       B: Yes. The bridge was damaged and it's closed now.

レッスン 37

STEP1 [ʃ]   sh   sh   ⇒ she   sh   sh   ⇒ shopping
              sh   sh   ⇒ fish   sh   sh   ⇒ dish

STEP2 she   shopping   sheet   ship   shoes
       sure   ocean   fashion   dish   fish

STEP3 She washed the dishes.   I went shopping.
       Write your name on your answer sheet.   I'd like to have the fish.

STEP4 A: What did you do yesterday?
       B: I went shopping with my friends.
       A: Are you ready to order?
       B: Yes. I'll have the fish for the main dish.

レッスン 38

STEP1 [ʒ]　　s　s　⇒ television　　　　　s　s　⇒ usually
　　　　　　　s　s　⇒ pleasure　　　　　　s　s　⇒ casual

STEP2 television　　usually　　　pleasure　　casual　　　treasure
　　　　leisure　　　decision　　measure　　Asia　　　　beige

STEP3 I saw that movie on television last night.
　　　　I usually go to the gym after work.　　　It's a pleasure to meet you.
　　　　We wear casual clothes at work.

STEP4 A: I saw that movie on television last night.
　　　　B: How did you like it?

　　　　A: It's a pleasure to meet you.
　　　　B: The pleasure is all mine.

レッスン 39

STEP1 [j]　　　y　y　⇒ yellow　　　　　y　y　⇒ yesterday
　　　　　　　y　y　⇒ yet　　　　　　　y　y　⇒ year

STEP2 yellow　　　yesterday　yet　　　　year　　　use
　　　　young　　　cute　　　　beautiful　few　　　music

STEP3 Did you see his yellow car?　　　I took a day off yesterday.
　　　　I'm not finished yet.　　　　　　I've lived in Tokyo for about two years.

STEP4 A: Did you see his yellow sports car?
　　　　B: Yes. It's really nice, isn't it?

　　　　A: How long have you lived in Tokyo?
　　　　B: About two years.

レッスン 40

STEP1 [w]　　　w　w　⇒ swimming　　　w　w　⇒ week
　　　　　　　w　w　⇒ Wednesday　　　w　w　⇒ woman

STEP2 swimming　　sweet　　　Wednesday　winter　　wind
　　　　waiter　　　week　　　　wool　　　　wood　　　woman

STEP3 We went swimming.　　　　　　Would you close the window?
　　　　Wednesday works for me.　　　Can you see the woman with a hat?

STEP4 A: What did you do last week?
　　　　B: We went swimming.

　　　　A: Does Wednesday work for you?
　　　　B: Yes. Any day is fine with me this week.

レッスン 41

STEP1　[f]　　f　　f　　⇒ food　　　　　　　f　　f　　⇒ fun
　　　　　　　f　　f　　⇒ flower　　　　　fe　fe　⇒ life

STEP2　food　　　　　four　　　　　fun　　　　fast　　　　father
　　　　flower　　　　free　　　　　yourself　　life　　　　enough

STEP3　I'd like Japanese food.　　　　　It was fun.
　　　　Take care of yourself.　　　　　Are you free tomorrow?

STEP4　A:　What would you like to eat?
　　　　B:　I'd like Japanese food.

　　　　A:　How was the party?
　　　　B:　It was fun.

レッスン 42

STEP1　[v]　　v　　v　　⇒ very　　　　　　v　　v　　⇒ vacation
　　　　　　　v　　v　　⇒ every　　　　　ve　ve　⇒ live

STEP2　very　　　　　vacation　　volume　　vote　　　violin
　　　　over　　　　　every　　　　seven　　　live　　　believe

STEP3　How was your summer vacation?　　I play the violin every day.
　　　　I usually get up at seven.　　　　　Where do you live?

STEP4　A:　How was your summer vacation?
　　　　B:　It was great!

　　　　A:　Do you like music?
　　　　B:　Yes. I play the violin every day.

レッスン 43

STEP1　[θ]　　th　th　⇒ thank　　　　　Th　Th　⇒ Thursday
　　　　　　　th　th　⇒ math　　　　　　th　th　⇒ both

STEP2　thank　　　　think　　　　thing　　　　third　　　Thursday
　　　　three　　　　throw　　　　bathroom　　math　　　both

STEP3　Thank you very much.　　　　What do you think?
　　　　May I use the bathroom?　　I'm good at math.

STEP4　A:　Thank you very much.
　　　　B:　You're welcome.

　　　　A:　May I use the bathroom?
　　　　B:　Sure. Go ahead.

レッスン 44

STEP1　[ð]　　th　th　⇒ this　　　　　th　th　⇒ they
　　　　　　　th　th　⇒ mother　　　　th　th　⇒ weather

STEP2　this　　　　that　　　　the　　　　they　　　　there
　　　　then　　　　mother　　　brother　　together　　weather

STEP3　My mother bought this hat for me.　　　See you then.
　　　　It's my brother.　　　　　　　　　　　I like this kind of weather.

STEP4　A:　Who's that?　　　　　　　　　　　A:　It's nice and warm today.
　　　　B:　It's my brother.　　　　　　　　　B:　Yes. I like this kind of weather.

LEVEL 3　　ステップアップの4音

レッスン45

STEP1　[kw]　qui　　qui　　⇒ quiz　　　　qui　　qui　　⇒ quick
　　　　　　　que　　que　　⇒ question

STEP2　quiz　　　　quick　　　　queen　　　quiet　　　question　　　square

STEP3　I have a quick question.　　　　　He quit his job.
　　　　We had a quiz today.

レッスン46

STEP1　[h]　　h　　h　　⇒ high　　　　wh　　wh　　⇒ who
　　　　[hw]　wh　　wh　　⇒ white

STEP2　[h]　　high　　　　house　　　who　　　　whole
　　　　[hw]　white　　　when

STEP3　He was in a wheelchair.　　　　We went to see the White House.
　　　　When are you going to Hawaii?

レッスン47

STEP1　[tr]　tr　　tr　　⇒ train　　　　tr　　tr　　⇒ try
　　　　　　　str　　str　　⇒ street

STEP2　train　　　try　　　　tree　　　trouble　　country　　　street

STEP3　I take trains to go to work.　　　Nice try!
　　　　Go straight down this street.

レッスン48

STEP1　[dr]　dr　　dr　　⇒ drink　　　　dr　　dr　　⇒ dream
　　　　　　　dr　　dr　　⇒ drive

STEP2　drink　　　dream　　　dry　　　drive　　　hundred　　　laundry

STEP3　Would you like something to drink?　　My dream has come true.
　　　　I need to do the laundry tomorrow.

シーン 1

3つの音のおさらい
[i] It's / is / Chris
[ʒ] pleasure
[m] meet / I'm / mine

会話で実践
A: It's a pleasure to meet you. I'm Kei.
B: The pleasure is all mine, Kei. I'm Chris.

A: Do you work here in Tokyo?
B: Yes. I teach English at a middle school.

シーン 2

3つの音のおさらい
[k] excuse
[n] know / station / and / turn
[ʌ] subway

会話で実践
A: Excuse me. Do you know where the subway station is?
B: Go straight and turn right.

A: Thank you very much.
B: Don't mention it.

シーン 3

3つの音のおさらい
[d] do
[b] blue
[p] purple

会話で実践
A: Do you have this in another color?
B: We have that in blue and purple.

A: Can I try on the purple one.
B: All right.

シーン 4

3つの音のおさらい
[u] would
[n] taking
[a] not

会話で実践
A: Would you mind taking our picture?
B: Not at all.

A: We want the mountain behind us.
B: OK. Say cheese!

シーン 5

3つの音のおさらい
[e] ready / yes
[f] fillet
[s] steak

会話で実践
A: Are you ready to order?
B: Yes. I'd like to have the fillet steak.

A: Certainly. Would you like anything to drink?
B: I'd like to have a cup of coffee after the meal.

シーン6

3つの音のおさらい	[tʃ]	check
	[z]	please / here's
	[r]	receipt

会話で実践

A: I'd like to check out, please.
B: OK. Here's your receipt.

A: Thank you. I really enjoyed my stay.
B: We hope to see you again soon.

シーン7

3つの音のおさらい	[æ]	have / an / at
	[ə]	appointment
	[v]	have / eleven

会話で実践

A: May I help you?
B: Yes. I have an appointment to see Mr. Hall at eleven.

A: Just a minute, please. He'll be right with you.
B: Thank you.

シーン8

3つの音のおさらい	[l]	look
	[w]	worked
	[j]	yesterday

会話で実践

A: You look so tired.
B: I worked overtime yesterday.

A: Why don't you take a break?
B: Maybe I should.

シーン9

3つの音のおさらい	[t]	Taylor / today / take
	[ʃ]	she
	[dʒ]	message

会話で実践

A: May I speak to Ms. Taylor?
B: She's on leave today. Can I take a message?

A: Could you just ask her to call me back?
B: Certainly.

シーン10

3つの音のおさらい	[ð]	this
	[θ]	three
	[g]	get

会話で実践

A: I've been working on this report for three weeks.
B: How soon do you need to get it done?

A: Actually it's due tomorrow.
B: Any way I can help?

著者紹介

山崎 祐一

長崎県出身。カリフォルニア州立大学サンフランシスコ校大学院修了。現在、長崎県立大学教授。専門は英語教育学、異文化コミュニケーション。日米の国際家族に育ち、言葉と文化が不可分であることを痛感。アメリカの大学で講義を9年間担当。数々の通訳業務や映画の翻訳にも携わり、依頼講演は800回を超える。NHK総合やTBSなど、テレビや新聞等でも英語教育や異文化理解に関する解説やコメントが紹介される。TOEFL(PBT)673点 (TOEIC換算990点)、TSE(Test of Spoken English)スピーキング・発音部門満点、TWE(Test of Written English)満点。
主な著書に『瞬時に出てくる英会話フレーズ大特訓』『世界一やさしい すぐに使える英会話超ミニフレーズ300』『ネイティブが会話で1番よく使う英単語』『ゼロからスタート英会話 英語の気くばり・マナーがわかる編』『ゼロからスタート 日・英くらべてわかる英会話』(以上、Jリサーチ出版) など。

カバーデザイン／カバーイラスト修正 …… D-fractal 土岐晋士
本文デザイン／DTP ……………………… 株式会社群企画 (塚原愛子)
発音ボーイズ・LEVEL4 イラスト ………… 松尾達
発音チェック・□ イラスト ……………… 田中斉
□モデル …………………………………… 株式会社エコーズ (Jasmine Rose)
CD録音／編集 …………………………… 一般財団法人 英語教育協議会 (ELEC)
CD制作／写真撮影・編集 ……………… 高速録音株式会社

本書へのご意見・ご感想は下記URLまでお寄せください。
https://www.jresearch.co.jp/contact/

発音できればリスニング力が格段に伸びる!
発音ボーイズの英語ボイトレ48

令和3年 (2021年) 4月10日　初版第1刷発行

著　者　山崎祐一
発行人　福田富与
発行所　有限会社 ジェイ・リサーチ出版
　　　　〒166-0002 東京都杉並区高円寺北2-29-14-705
電　話　03 (6808) 8801 (代)　　FAX 03 (5364) 5310
編集部　03 (6808) 8806
　　　　https://www.jresearch.co.jp
印刷所　株式会社シナノパブリッシングプレス